Urban BBQ

GRILLEN AUF BALKON UND TERRASSE

Adi Bittermann

Urban BBQ

GRILLEN AUF BALKON UND TERRASSE

Fotografiert von
Herbert Lehmann

pichler verlag

INHALT

Wenn nicht anders angegeben, gelten die Rezepte für 4 Personen.

URBANES GRILLEN

Grillen in der Stadt wird immer schwieriger, weil Feuer und offene Flamme aus der Stadt verbannt werden.
Wir alle kennen Fotos von Großfamilien, die im eigenen Garten unter dem Apfelbaum im grünen Gras grillen, aber die Mehrheit von uns wohnt in einem Mehrfamilienhaus mit einem kleinen Balkon, auf dem man vielleicht an einem Bistrotisch zu zweit bis maximal zu viert sitzen und grillen kann.
Die Freude am Grillen endet stets dort, wo die Lebensqualität anderer Menschen beeinträchtigt wird. Das muss nicht der Rauch vom Holzkohlengrill sein, der in Nachbars Wohnzimmer oder Schlafzimmer zieht, das kann auch durch einen Gasgrill verursacht werden, wo Bratwürste oder Schopfsteaks auf dem Rost liegen, die ständig auf die Flammschiene tropfen und so für Rauchschwaden sorgen.
Beim Grillen auf dem Balkon oder auf der Dachterrasse sollte man starke Rauchentwicklung vermeiden. So geht man einem Streit mit Nachbarn von vornherein aus dem Weg.
Für das Grillen auf Balkon oder Terrasse eignen sich Elektrogrills, kleine Tischgrills, Kontaktgrills, Teppanyakiplatten oder auch die gute alte Grillpfanne auf dem Herd.
Die Auswahl ist groß, man sollte aber darauf achten, dass man sich einen Griller mit guter Standfestigkeit und guter Verarbeitung anschafft. Es ist eine Investition, die über mehrere Jahre Freude bereitet und sich lohnt, denn mit qualitativ hochwertigen Geräten wird Grillen immer ein Erlebnis sein.
Es ist auch wichtig, dass der Grill über einen Gussrost, eine Mindestleistung von 2000 Watt, eine Abtropftasse und über einen Deckel verfügt, mit dem er die Wärme hält.
Weiters ist es wichtig, einen Elektrogrill zu erwerben, für den es ausreichend Zubehör gibt. So sieht man, welche Vielfalt an Speisen sich mit einem Elektrogrill auf den Tisch zaubern lässt.
In der heutigen Zeit gibt es moderne Techniken der Zubereitung, die man auch im Privathaushalt anwenden kann, zum Beispiel das Sous-vide-Garen, bei dem Fleisch oder Fisch unter Vakuum gegart und anschließend auf dem heißen Grillrost mit dem Branding (Grillmarkierung) versehen werden und so die gewünschten Röststoffe bekommen. Eine optimale Kombination für Ihr Grillerlebnis.
Sie werden feststellen, dass Sie mit einem guten Elektrogrill perfekte Steaks, Koteletts usw. zubereiten können, und in diesem Buch finden Sie jede Menge Ideen, wie Sie dafür Ihr Grillgerät optimal nutzen können.
Die Rezepte in diesem Buch sollen Anregung und Inspiration für all jene sein, die gerne grillen, egal auf welchem Grillgerät!

URBAN BBQ
MEINE TIPPS

- Mietvertrag überprüfen, ob es bestimmte Grillzeiten oder -verbote zu beachten gibt
- Auf die Nachbarn Rücksicht nehmen
- Nachbarn hin und wieder einladen
- Nicht gleichzeitig auf mehreren Grillern grillen
- Starken Rauch und Stichflammen vermeiden und keine in einer stark ölhaltigen Marinade eingelegten Lebensmittel auflegen
- Kleine Grillpartys ankündigen
- Musiklautstärke gut wählen
- Die Nachtruhe einhalten
- Grillgut nicht unbeaufsichtigt lassen
- Wenn möglich Löschgeräte bereithalten, falls etwas passiert
- Nicht mit Alkohol aus der Flasche am Grill flambieren

ELEKTRISIERENDES GRILLVERGNÜGEN IN DER STADT

Auch wenn es nicht erlaubt ist, mit Gas oder Holzkohle zu grillen, muss man das Grillen nicht gleich aufgeben. Wenn man den Geschmack von Grillgerichten liebt, stehen viele verschiedene Elektrogrills zur Verfügung, man muss nur schauen, dass eine Steckdose in der Nähe ist.
Dann den Griller einschalten, ein paar Minuten warten, und schon geht das Grillvergnügen los.
Elektrisches Grillen zählt zu den gesündesten und einfachsten Zubereitungsarten:

- Wenig bis gar keine Rauchentwicklung
- Bei richtiger Anwendung kein Fettbrand
- Elektrogriller kann man auch als Tischgeräte unter der Abzugshaube verwenden

Das Angebot an Elektrogrills ist breit gestreut, und es findet sich fast für jede Brieftasche das geeignete Gerät. Dabei sind aber, was die Ausstattung betrifft, einige Punkte zu beachten. So sollten die Geräte eine Mindest-Anschlussleistung von 2000 W haben und sie sollten auf jeden Fall über eine antihaftbeschichtete Grillplatte verfügen. Eine Fetttropfschale gehört natürlich auch in das Anforderungsprofil, genauso wie im Idealfall ein stufenlos verstellbarer Temperaturregler. Ist man bereit, etwas mehr zu investieren, so warten manche Geräte dann natürlich mit speziellen Features wie einem Timer für minutengenaue Zubereitung oder der Möglichkeit zur Verwendung mit einer Gaskartusche auf.

DIE IDEALE LÖSUNG FÜR BALKON UND TERRASSE

Die „E-Volution" in der Grillwelt: Dank ihrer optimalen Leistungsstärke sorgen die neuen Elektrogriller für ein hervorragendes Grillergebnis. Ein Elektrogrill er ist daher die ideale Lösung für Balkon und Terrasse,

weil er weder Gas noch Kohle benötigt und platzsparend aufgestellt werden kann. Diese Geräte brauchen lediglich eine Steckdose in Reichweite und natürlich das Grillgut, das Sie auf Ihrem Elektrogriller zubereiten möchten.
Der Elektrogriller von WEBER mit 2200 Watt Leistung bietet sich für Grillfans mit kleiner Terrasse oder Balkon als optimale Lösung an. Als Elektrogrill mit großer Leistung garantiert er perfekte Grillergebnisse und den typischen Grillgeschmack.

DIREKTES UND INDIREKTES GRILLEN AUF DEM ELEKTROGRILL

Beim Elektrogrill befinden sich unter dem Grillrost die elektrischen Heizstäbe, welche, im Abstand von einigen Zentimetern angebracht, Hitze erzeugen. Dadurch wird der Grillrost erhitzt, und im Kontakt mit dem Rost wird das Grillgut gegart, es bilden sich die Röstaromen (Maillardprozess) und das Grillgut erhält die Grillmarkierung. So bildet beim Elektrogrill der ganze Grillrost die direkte Grillzone, was den Nachteil hat, dass man über keine indirekte Zone verfügt, also einen Bereich zum Grillen, wo das Grillgut der Hitze nicht direkt ausgesetzt ist. (Wie zum Beispiel bei einem Gasgrill, bei dem man eine Zone wegschalten kann.)
Deshalb muss man sich auf dem Elektrogrill eine indirekte Zone erst schaffen. Eine Möglichkeit besteht darin, einen Warmhalterost auf den Grillrost zu stellen, so das Grillgut von der direkten Hitze zu „entkoppeln" und indirekt fertig zu grillen. Oder man sorgt für eine indirekte Zone, indem man einen Ziegelstein auf den Rost legt. Auf diesen Ziegelstein gibt man das Grillgitter mit den Grillspeisen, die man dann rasten lassen und so indirekt fertig grillen kann. Auf diese Weise hat man auch beim Elektrogrill die Möglichkeit, zwei Zonen zu schaffen und direkt und indirekt zu grillen.

QUALITÄT IST BEIM FLEISCH ENTSCHEIDEND!

Für das Garen von Fleisch am Grill ist hohe Qualität unabdingbar. Ich empfehle daher, beim Einkauf für den nächsten Grillevent unbedingt auf Qualitätsrindfleisch und Qualitätsschweinefleisch zu achten – Ihre Gäste werden begeistert sein!
So sind etwa Herkunft, Aufzucht, Fütterung und das Schlachtalter wichtige Kriterien, aber auch der Transport zum Schlachthof und der Schlachtvorgang selbst. Im Handel ist mittlerweile hohe Qualität immer verfügbar, gängige Markenbezeichnungen bieten dazu hilfreiche Orientierung. So stehen hinter der Marke „premium Rind" ca. 4.000 ausgesuchte österreichische Rinderbauern, die unter der „ARGE Rind" zusammengefasst sind und den hohen Ansprüchen in Zucht und Tierhaltung gerecht werden.

ACHTEN SIE AUF DIE HERKUNFT

Das Label „premium Rind" verdienen nur Rinder, deren Herkunft lückenlos zurückverfolgt werden kann. Es kommen nur Tiere in Frage, die in Österreich geboren, aufgezogen und geschlachtet wurden. Eine Kennzeichnung nach der Geburt garantiert die Herkunftssicherung.

DAS PRINZIP NACHHALTIGKEIT

Grundsätzlich gilt: Bei der Qualitätsfleischproduktion muss das Verhältnis zwischen landwirtschaftlicher Nutzfläche und Tierbestand ausgewogen sein. Die Einhaltung dieser Auflage garantiert den Erhalt der heimischen Umwelt und Kulturlandschaft. Im Detail heißt das, dass **premium Rinder** mindestens 80 % ihres Futters von den Feldern des Zuchtbetriebes zu fressen bekommen müssen.

STRESSFREIE SCHLACHTUNG

Wie erwähnt spielt das Schlachtalter eine große Rolle. **premium Rinder** müssen so zwingend jünger als 21 Monate sein. Das Fleisch wird bei ca. 0 °C, entsprechender Luftfeuchtigkeit und strenger Hygiene mindestens zwei Wochen vorgereift – die Reifung ist für Steaks das wichtigste Kriterium!
Das Fleisch der möglichst „stressfrei" geschlachteten Tiere wird von Fachleuten nach den strengsten Richtlinien beurteilt und nach „Fettklassen" ausgesucht, sie achten auf ein Optimum an Geschmack, Zartheit und Reife, gleichzeitig garantieren sie die besten Hygienebedingungen. Tägliche Schlachtung und Sortierung in den Kühlräumen garantieren die höchste gleichbleibende Qualität von intramuskulärer Fleisch- und Fettverteilung.

PREMIUM KALB

Auch bei der Marke **premium Kalb** geht es um die hundertprozentige Nachvollziehbarkeit der Herkunft. Sämtliche Kälber dieser Marke sind in Österreich geboren, aufgewachsen und geschlachtet. **premium Kalb** darf ein Schlachtalter von maximal sechs Monaten nicht überschreiten, das Schlachtgewicht muss im Bereich von 80–120 kg liegen.
Je nach Fütterung kann Kalbfleisch Farbschattierungen von fast weiß bis zartrosa aufweisen: Das helle Fleisch stammt meist von Tieren, die mit einem hohen Milchanteil gefüttert wurden. Durch die Zufütterung von Gras, Heu und Getreide kommt es zur Einlagerung von Eisen in den Muskeln und zu einer leichten Rosafärbung des Fleisches, das auch etwas kräftiger schmeckt.

SELEKTION KALBIN

Die von Spitzenköchen getestete und empfohlene Spitzenqualität bei den Kalbinnen kommt von der **Selektion Kalbin** – also Kühen, die noch nicht gekalbt haben. Das Maximal-Alter der Kalbinnen liegt bei 21 Monaten, das Gewicht darf 360 kg nicht überschreiten. Die Fettklassen 3 bis 4 garantieren eine überdurchschnittliche, intramuskuläre Fettmarmorierung. Das rote, feinfaserige Fleisch junger weiblicher Rinder weist ein sehr intensives Aroma auf, durch seine Marmorierung ist es besonders zart und eignet sich hervorragend zum Kurzbraten.

DIE DRY-AGING-REIFUNG

Bei dieser Methode erlangt das Fleisch durch 21-tägige Lufttrocknung am Knochen seine besondere Reife. Die ausgelösten Teilstücke wie Beiried, Rostbraten, Rib-Eye, Hohe Rippe werden dabei separat in VAC-Packungen gereift. Lungenbraten braucht nicht so lange, denn er ist von Natur aus sehr zartfaserig und mürbe. Das Dry-Aged-Verfahren findet unter Bedingungen besonderer Luftfeuchte und optimaler Temperatur statt, die Temperatur in den Reifekammern liegt bei ca. 0 °C bis 3 °C, dazu kommen 80 bis

85 % relativer Luftfeuchte. Während der Reifung werden dem Rindfleisch ca. 20 bis 25 % Wasser entzogen. Nur das Fleisch von Tieren, die auf den besten Weidegebieten gehalten wurden, kommen für Dry-Aged-Beef in Frage. Die örtliche Nähe von Zucht- und Schlachtbetrieb soll einen stressfreien Transport garantieren.

DAS DUROC-SCHWEIN

Schweinefleisch von Top-Qualität bietet das Duroc-Schwein. Es ist dies eine Rassenkreuzung von Duroc (Eber) mal Deutsche Landrasse (Muttersau). Die ausgeprägte intramuskuläre Fetteinlagerung und die gute Fettabdeckung (Speckauflage) sind verantwortlich für außergewöhnlich saftige Steaks und Braten – Spitzenköche und Fleischliebhaber schwören darauf, ich kann mich meinen Kollegen nur anschließen!

Wir wissen heute, dass dieses wertvolle Fleisch in den letzten Jahrzehnten völlig zu Unrecht vernachlässigt worden ist, und es ist höchste Zeit, diese ursprünglich amerikanische Schweinerasse als gezieltes Kreuzungsprodukt mit unserer bodenständigen Deutschen Landrasse wieder aufleben zu lassen.

Das Duroc-Schwein wird unter der Marke „Natürlich Niederösterreich Duroc" vermarktet.

MEIN TIPP: Falls Sie sich beim Einkaufen von Fleisch noch unsicher fühlen: Vertrauen Sie Ihrem Fleischermeister, er wird Sie bestens beraten und für einen perfekten Zuschnitt sorgen!

IT UNTERSTÜTZUNG VON BUND, LÄNDERN UND EUROPÄISCHER UNION
MINISTERIUM FÜR EIN LEBENSWERTES ÖSTERREICH
LE 14-20
Europäischer Landwirtschaftsfonds für die Entwicklung des ländlichen Raums: Hier investiert Europa in die ländlichen Gebiete

DAS PERFEKTE STEAK DIE SOUS-VIDE-GARMETHODE

Sous-vide – was verbirgt sich dahinter? „Sous-vide" bedeutet übersetzt „unter Vakuum" und man bezeichnet damit eine Zubereitungsmethode zum Garen von Fleisch, Fisch und Gemüse. Dabei werden die Lebensmittel in einem Vakuumbeutel bei konstant niedriger Temperatur (50–85 °C) in einem Wasserbad gegart. So schützt man Lebensmittel vor Oxidation, Auslaugen und Aromaverlust. Gute Geräte sind daher wichtig!

Die Sous-vide-Methode wurde in der französischen Küche schon in den 1970er Jahren verwendet, damals war aber noch das Problem, dass die Folien des Vakuumbeutels noch massiv Weichmacher enthielten und diese Garmethode sehr verpönt war. Heute ist es ein Trend, den man aus der modernen Küche nicht mehr wegdenken kann.

WAS MAN FÜR DAS SOUS-VIDE-GAREN BENÖTIGT

1. VAKUUMIERGERÄT zum Entziehen der Luft
2. HITZEBESTÄNDIGE (40 bis 115 Grad) VAKUUMBEUTEL, die für diese Garmethode entwickelt worden sind, also lebensmittelechte Polyamid/Polyethylen-Verbundfolie (PA/PE-Folie)
3. Ein SOUS-VIDE-BECKEN (erhältlich ab 150,- €) oder einen Tauchsieder – am besten aber ein Profigerät mit digitaler Einstellung und integrierter Umwälzpumpe, das exakt arbeitet
4. Einen GRILLER zum Angrillen
5. Und natürlich GUTE LEBENSMITTEL aus der Region

WAS IST WICHTIG BEIM SOUS-VIDE-GAREN?

Der Vakuumbeutel muss gut verschlossen sein und ohne Luft. Durch das Vakuumieren erzielt man einen Flüssigkeitsaustausch und kann damit den Eigengeschmack des Lebensmittels um das Zehnfache anheben. Das bringt sehr viele Vorteile, aber Achtung: Auch Nachteile sind möglich: Verwendet man z. B. frische Kräuter oder hochwertige Öle, dann sollte man eine Garzeit von maximal 3 Stunden nicht überschreiten! Frische Kräuter und hochwertige Öle, so meine Erfahrung, werden ab 3 Stunden modrig bzw. das Öl beginnt metallisch zu schmecken. Bei gereiftem Fleisch (Dry Age oder Fleisch aus Übersee) können die Milchbakterien „kippen", das Fleisch schmeckt dann nach dem Garprozess leicht bis stark sauer. Daher ist für mich Sous-vide-Garen für Fleisch, das frisch geschlachtet ist, die weitaus bessere Alternative.

NOCH EIN WICHTIGER ASPEKT

Eine Stunde garen mit der Sous-vide-Methode entspricht einem Reifeprozess von einem Tag.
Mein Beispiel dazu:
Ein Rib-Eye-Steak von der österreichischen Kalbin, frisch nach der Schlachtung gewürzt, vakuumiert und bei 52 °C für 24 Stunden gegart. Dies entspricht einem Reifeprozess von 24 Tagen: Das Kollagen und das Bindegewebe zersetzen sich, Resultat ist ein butterzartes Rib-Eye-Steak im Ganzen mit ca. 4 kg. Dieses große Stück auf einem heißen Griller rundum angrillen, mit Butter und frischen Kräuter marinieren, kurz rasten lassen, aufschneiden – und wir erleben Ostern, Weihnachten, Geburtstag und alle anderen möglichen Highlights in einem Stück (mein Spruch dazu: ZUNGEN-AQUAPLANING!).

SOUS-VIDE – EINFACHER ALS GEDACHT

Nach dem Vorbereiten der rohen Lebensmittel (Fleisch abtupfen, Geflügel und Fisch kalt spülen, abtupfen, Obst und Gemüse schälen oder waschen, trocken reiben, schneiden, würzen oder marinieren bzw. runterkühlen) diese vakuumieren, ins Sous-vide-Becken einlegen und gradgenau garen. Gartemperaturen und Garzeiten werden von der Beschaffenheit der Produkte bestimmt.

FLEISCH UND GEFLÜGEL

Entscheidend ist: Mit der Sous-vide-Methode gegartes Fleisch weist von außen bis innen den gleichen Gargrad auf! Für mageres Muskelfleisch sind 48 bis 58 °C ideal, ab 60 °C beginnen dann die Proteine Wasser abzugeben – das heißt, das Fleisch wird trocken. Bindegewebsreiche Fleischstücke vertragen Temperaturen von 55 bis 70 °C und bleiben trotzdem zart und saftig.
Bei Geflügel ist es ähnlich: Magere Brustteile werden bei 54 °C, Keulen bei 68 bis 70 °C gegart.

FISCH UND MEERESFRÜCHTE

Fische erreichen die perfekte Textur bei einer Temperatur zwischen 40 und 49 °C – so bleibt er glasig, saftig und zart. Über 50 °C beginnt er sich an der Oberfläche weiß zu verfärben, Eiweiß flockt aus.

GEMÜSE UND OBST

Pflanzliche Kost wird beim Garen nicht trocken, sondern weich. Die harten Zellwände werden aufgebrochen, dabei braucht man Temperaturen zwischen 60 und 90 °C.
Zum Beispiel: Karotten in Stifte schneiden, etwas brauner Zucker, Salz und einen Spitzer Olivenöl vakuumieren, bei 86 °C ca 45 min garen, dann weiß man, wie Karotten schmecken können!

FLEISCH

Zum Beispiel: Rinderfiletsteak (250 g) schneiden, mit Salz und Pfeffer aus der Mühle würzen, mit etwas Olivenöl bestreichen und auf 0–4 °C abkühlen, anschließend vakuumieren und bei 55 °C ca. 40 min garen. Das Runterkühlen ist wichtig, weil dadurch das Eiweiß stabil bleibt!
Nach Ablauf der Garzeit das Rinderfiletsteak aus dem Vakuumbeutel nehmen und am heißen Griller von beiden Seiten auf hoher Hitze angrillen. Mit Kräuterbutter servieren.
Ich habe bei der Sous-vide-Methode außerdem eine gewisse „Karenzzeit", in der ich mein Rinderfilet nicht übergaren kann. Das ist dann von Vorteil, wenn sich die Gäste um eine halbe Stunde verspäten sollten oder eine längere Ansprache als geplant gehalten wird.

Hier eine kleine Übersicht zur Orientierung:

PRODUKT	GARZEIT	TEMPERATUR
RIND		
Rinderfilet 250 g	40 min	54 bis 56 °C
Rib-Eye-Steak 250 g	60 min	56 °C
Beiriedschnitte	35 min	56 °C
DUROC-SCHWEIN		
Duroc-Schopfsteak 250 g	180 min	58 °C
Duroc-Bauch im Ganzen	30 Std.	68 °C
Tullnerfelder Kotelettes 200 g	60 min	58 °C
MAISHENDL		
Maishendlbrust ca. 200 g	50 min	56 °C
Maishendlkeule ca. 150 g	180 min	62 °C
LAMM		
Lammstelze ca. 400 g	360 min	66 °C
FISCH		
Steinbuttfilet ca. 200 g	18 min	48 °C
Seesaibling 200 g	14 min	50 °C
Forelle im Ganzen ca. 300 g	35 min	50 °C
Thunfischsteak ca. 250 g	8 min	56 °C
MEERESFRÜCHTE		
Scampi 8 bis 12 Stück	14 min	62 °C

SALZ

Der menschliche Organismus braucht Salz zum Überleben, denn Natriumchlorid sorgt dafür, dass der Elektrolythaushalt im Gleichgewicht bleibt. Salz regelt über den osmotischen Druck im Gewebe den Wasserhaushalt des Körpers.

In der heutigen Zeit ist Salz in den meisten Lebensmitteln enthalten. Es dient als Geschmacksverstärker und man muss bedenken, dass man unbewusst über den Tag verteilt schon sehr viel mehr Salz zu sich nimmt als gedacht.

Alle heute erhältlichen Salzsorten, vom Meersalz bis zum Himalayasalz, bestehen zu 97–98 Prozent aus Natriumchlorid. Der Rest, der beispielsweise die rosa Farbe beim Himalayasalz ausmacht, sind andere Minerale oder Verunreinigungen der verschiedensten Art.

Warum der ganze Aufwand bei manchen Salzen, z. B. beim Fleur de Sel? Das Geheimnis liegt im Mundgefühl: Was bei Salz wichtig ist, ist der unterschiedliche Crunch.

Je luftiger, je großvolumiger die Salzkörner sind, desto weniger intensiv schmecken sie. Grobkörniges Salz löst sich auch weniger schnell in Gerichten auf als feinkörniges. Stein- oder Meersalz ist eine Glaubensfrage.

Wer den Gast bei Tisch beeindrucken will, sollte exklusive Produkte zum Nachsalzen verwenden. Auch das Auge isst mit.

RAUCHSALZ. Grobes Meersalz, welches mehrere Tage über Holz geräuchert wird, verleiht ein rauchiges, schinkenartiges Aroma, eignet sich sehr gut für gegrilltes Fleisch und vegetarische Gerichte.

STEINSALZ. Das meistverwendete Salz der Welt; dort, wo vor Urzeiten Meer war, lagerte sich das Salz ab, wird im Bergbau gewonnen; eignet sich zum Kochen, ist leicht mit Jod versetzt, eine Rieselhilfe ist beigemischt; bei Steinsalz handelt es sich zum Großteil um raffiniertes Salz.

MEERSALZ. Salz aus Meerwasser, wird mittels künstlich angelegter Becken gewonnen; Wasser verdunstet durch Sonne und Wind und zurück bleibt kristallisierter Geschmack des Meeres; eignet sich zum Kochen, Marinieren und zum Bestreuen von gegrillten Gerichten.

HIMALAYASALZ. Diesem Salz werden esoterische Wirkungen zugeschrieben; das rosa Steinsalz kommt, anders als der Name suggeriert, nicht aus dem Himalaya, sondern wird in Pakistan, Indien und Polen abgebaut, die Farbe kommt durch Verunreinigungen von Eisen zustande; Wohlbefinden und Gesundheitsförderung sollte man nicht erwarten, für das Mundgefühl sind die Himalayasalzkristalle ziemlich hart und sollten in einer Salzmühle oder einem Mörser gemahlen werden.

MURRAY-RIVER-SALZ. Das zart orange-rosafarbene Salz aus Australien liegt im Trend; es schmeckt mild und knusprig, eignet sich als Toppingsalz, die Salzflocken können leicht mit der Hand dosiert werden.

PYRAMIDENSALZ. Dies ist ein Meersalz, welches sich in Form von pyramidenförmigen Salzkristallen ablagert, die Salzflocken sind sehr weich und leicht bitter; das Salz gibt es auch in schwarzer Form durch Beimischung von Vulkanasche, es wird sehr gerne als Dekosalz verwendet.

GEWÜRZSALZ. Von Kräuter- über Zitronen- bis Ingwersalz gibt es kaum eine Salzmischung, die heute noch nicht auf dem Markt ist; bei Gewürzsalzen ist es immer wichtig, sie vor dem Verwenden gut zu schütteln, da das Salz grobkörniger ist und sich dadurch die Gewürze am Boden absetzen; eignet sich besonders gut zum Abschmecken.

HAWAIISALZ. Das Meersalz von der Pazifikinsel zeichnet sich durch einen relativ geringen NaCl-Anteil von nur 95 Prozent aus, der Rest sind Minerale und Spurenelemente, dadurch schmeckt es relativ mild; es hat immer eine gewisse Restfeuchte und eignet sich nicht für die Salzmühle.

FLEUR DE SEL. Die Königin des Salzes, kommt aus Frankreich oder Spanien, wird händisch in Salzgärten an der Küste gewonnen; durch warmen trockenen Wind und Sonne bilden sich Salzblättchen und Flocken, die rasch von Hand entfernt werden müssen.

GEWÜRZMISCHUNGEN

Eine Würzmischung ist eine trockene Mischung aus Gewürzen, Kräutern und anderen Zutaten wie zum Beispiel Zucker, mit der das Grillgut eingerieben wird und die den Geschmack des Gegrillten unterstützt. Gemahlene Gewürze verlieren rasch ihr Aroma, daher ist es ratsam, sie in luftdichten Behältern aufzubewahren. Weiters kann man in die Gewürzmischungen auch naturtrüben Apfelsaft, Bier, Ananassaft, Rotwein, Weißwein oder Whisky mischen, alles einmal kurz aufkochen lassen und so eine Gewürzpaste erzeugen. Gewürzmischungen ziehen sehr rasch ein und verändern durch die Länge der Einwirkzeit den Eigengeschmack des Gerichtes.

UNIVERSALWÜRZMISCHUNG

Geeignet für Rind, Schwein, Huhn, Fisch und vegetarische Gerichte

4 EL Knoblauchpulver
4 EL geröstete Zwiebeln, gemahlen
4 EL Thymian, getrocknet
4 EL Oregano
2 EL Meersalz
2 EL Paprikapulver
1 EL brauner Zucker
1 EL schwarzer Pfeffer

ZAUBERWÜRZMISCHUNG

Geeignet für Rind, Schwein, Huhn, Fisch und vegetarische Gerichte

4 EL Röstzwiebel, gemahlen
1 EL Senfpulver
1 EL Paprikapulver
1 EL grobes Meersalz
1 EL Knoblauchpulver
1 EL Koriandersamen
1 EL Kreuzkümmel
1 EL schwarzer Pfeffer, gemahlen

OLD SPICE RUB

Geeignet für Rind, Schwein, Geflügel und vegetarische Gerichte

4 EL grobes Meersalz
2 EL Paprikapulver
2 EL brauner Zucker
1 Msp. Chilipulver
1 EL Knoblauch, getrocknet oder in Pulverform
1 EL Kräuter der Provence

„MUST-HAVE"-GEWÜRZMISCHUNG

Geeignet für Rind, Schwein, Huhn und vegetarische Gerichte

1 EL grobes Meersalz
1 EL schwarzer Pfeffer, gemahlen
1 EL Kreuzkümmel, gemahlen
1 EL brauner Zucker
1 Msp. Chilipulver
1 EL getrockneter Oregano

Jeweils alle Zutaten miteinander vermischen und in ein Gefäß füllen, das man verschließen kann, damit die Mischung vor Feuchtigkeit geschützt ist.

MARINADEN

Das Marinieren kann natürlich unterschiedlich lange dauern. Bei zartem Fisch und Gemüse ist die Marinierzeit kürzer. Bei Fleisch und Geflügel kann die Marinade schon bis zu 24 Stunden einwirken. Dafür gibt es keine Richtlinien. Einfach ausprobieren, der eigene Geschmack zählt. Ölmarinaden schützen gegen Sauerstoff und säurehaltige Marinaden greifen in den Garprozess ein.

ASIATISCHE MARINADE

Geeignet für Rind, Schwein, Huhn, Fisch und vegetarische Gerichte

4 EL Sesamöl
4 EL Sojasauce
2 EL brauner Zucker
4 EL Reiswein
1 Schalotte, fein gerieben
2 EL Sesam, geröstet
1 EL fein geriebener Ingwer
2 Knoblauchzehen, fein zerdrückt
1 EL schwarzer Pfeffer, gemahlen

Alle Zutaten in einer Schüssel glatt verruhren.

ITALIENISCHE MARINADE
Geeignet für Rind, Schwein, Huhn und vegetarische Gerichte

100 g Zwiebel, in feine Würfel geschnitten
100 g Petersilie, fein geschnitten
4 EL frischer Rosmarin, grob gehackt
4 Knoblauchzehen, fein gehackt
2 EL Dijonsenf
2 EL Tomatenmark
2 EL grobes Meersalz
1 EL schwarzer Pfeffer, gemahlen
200 ml Weißwein
100 ml Olivenöl

Alle Zutaten mit dem Stabmixer zerkleinern, Wein und Olivenöl beifügen und zu einer glatten Konsistenz mixen.

WHISKY-MARINADE
Geeignet für Geflügel, Schwein und Rind

200 ml Whisky
200 ml flüssige Butter
200 ml Sojasauce
Saft von 1 Zitrone
2 EL Worcestershiresauce
1 EL brauner Zucker
2 EL fein gehackter Thymian

Alle Zutaten gut verrühren.

KRÄUTER & GRILLEN

SALZ und **PFEFFER** sind unersetzliche „Zutaten" zum Leben, aber frische Kräuter machen das Leben spannend.
Wenn man sie gezielt einsetzt, geben sie Speisen erst den richtigen Kick. Würzt oder aromatisiert man in der Küche mit Kräutern, so ist Hochgenuss garantiert.
Seit Jahrtausenden wissen die Menschen über die Heilkräfte von Kräutern Bescheid und haben sie auch immer schon zum Würzen von Speisen verwendet.
Auch in der heutigen Zeit werden Wildkräuter sehr gerne in der Küche eingesetzt.
Oft stellt sich die Frage, getrocknet oder frisch, was ist besser?
Getrocknete Kräuter lassen sich im Vergleich zu frischen Kräutern sehr lange luftdicht lagern. Frische Kräuter bieten mehr Aroma und müssen rasch verarbeitet werden. Tiefgekühlte Kräuter haben wenig Geschmack und sind aufgetaut sehr matschig.
Ich verwende zum Marinieren oder für Gewürzmischungen getrocknete oder gefriergetrocknete Kräuter, da diese nicht so schnell modrig werden. Frische Kräuter verwende ich sehr gerne grob gehackt oder gezupft für das letzte „finish", damit die ätherischen Öle und der volle Geschmack der Kräuter herauskommen.

BÄRLAUCH. Schmeckt wie Knoblauch, der Geschmack verflüchtigt sich schneller; ist vielseitig einsetzbar und wirkt sogar blutsenkend.

BASILIKUM. Passt zu fast allen Gerichten, Aroma kommt bei frischem und kurz gehacktem Basilikum am besten zur Geltung.

BEIFUSS. Das ideale Kraut für fette und deftige Speisen, optimal für die Fettverdauung.

BOHNENKRAUT. Leicht pfeffriger Geschmack, wirkt belebend.

ESTRAGON. Hat einen hohen Gehalt an ätherischen Ölen, ist appetitanregend.

KORIANDER. Liebt man oder liebt man nicht; schmeckt nach Anis, passt zu asiatischen Gerichten und lindert das Völlegefühl.

LIEBSTÖCKEL. Intensiver Geruch, wird gerne für Suppen, Salate und Schmorgerichte verwendet und hilft bei Rheuma und Gicht.

PETERSILIE. Enthält Vitamin C sowie Calcium, vielseitig einsetzbar, blutreinigend.

ROSMARIN. Klassiker, vielseitig einsetzbar, wirkt bei Nervosität beruhigend.

SCHNITTLAUCH. Passt zu herzhaften Gerichten und Salaten, stärkt die Abwehrkräfte.

THYMIAN. Würzig süßlicher Geschmack, entfaltet sich bei Hitze und wirkt schleimlösend.

Aus frischen Kräutern lässt sich auch sehr gut Pesto herstellen. Man kann selbst Kräuteröle ansetzen oder sich sein eigenes Kräutersalz zusammenstellen

GEMÜSE AUF DEM GRILL

SPARGEL. Er ist ein Bote des Frühlings. Spargel hat einen erbsenartigen Geschmack und eine leichte Säure- und Butternote. Grüner Spargel ist süßlicher als der weiße. Am besten gegrillt schmeckt der Spargel, wenn man ihn direkt auf dem Rost oder in einem Gemüsekorb gart. TIPP: Der Spargel ist fertig, wenn er sich wie ein Finger anfühlt – außen weich, aber innen noch fest.

FRÜHLINGSZWIEBEL. Ist in den asiatischen Küchen weit verbreitet und wird von Frühling bis in den Spätsommer geerntet. Sie hat ein mildes Zwiebelaroma und ist sehr knackig und saftig. Auf jeder Seite 1–2 Minuten direkt grillen. TIPP: Legen Sie die Spitzen so, dass sie von der Wärmequelle wegzeigen.

KAROTTEN. Werden auf der ganzen Welt vielseitig verwendet, und da sie auch Frost aushalten, können sie ganzjährig geerntet werden. Karotten haben einen süßlichen Geschmack, und einen Hauch von Pinie und Petersilie kann man auch herausschmecken. Sie sind perfekt gegrillt, wenn sie zuerst bei hoher direkter Hitze und dann bei indirekter Hitze fertig gegart werden. TIPP: Achten Sie darauf, dass die dünnen Spitzen von der Wärmequelle wegzeigen.

SELLERIE. Er wird von Herbst bis Frühling geerntet. Der Sellerie hat einen charakteristischen Geschmack mit süßen und bitteren Noten. Beim Grillen schneidet man ihn am besten in dicke Scheiben und lässt diese kurz bei hoher direkter Hitze und anschließend bei mittlerer indirekter Hitze garen. TIPP: Man kann ihn auch in zwei Lagen Backpapier und Alufolie wickeln und in 1–1 1/2 Stunden bei direkter Hitze garen oder am Schluss offen smoken.

ZUCCHINI UND AUBERGINE. Sie werden von Spätsommer bis Herbst geerntet. Die Zucchini ist eine Art der Gartenkürbisse und die Aubergine, auch Eierfrucht genannt, gehört zu den Nachtschattengewächsen. Beide haben einen zurückhaltenden Geschmack, wobei die Zucchini leicht nussig schmeckt. Sie sollte man bei hoher und direkter Hitze grillen. TIPP: Am besten der Länge nach in dicke Scheiben schneiden, salzen, etwas ziehen lassen und dann grillen.

BURGER, PIZZA & CO

GRÜNER SPARGEL IM ROHSCHINKEN

ZUTATEN

2 Bund grüner Spargel
20 Scheiben Rohschinken
200 g fester Schafkäse
200 g kleine Tomaten
Olivenöl
Salz und Pfeffer aus der Mühle
frische Basilikumblätter

ZUBEREITUNG

- Beim Spargel unten am Stiel ca. 2–3 cm abschneiden.
- Den Stiel rundum mit einem Gemüseschäler schälen.
- Den Spargel mit dem Rohschinken umwickeln.
- Auf dem heißen Grillrost bei ca. 180 °C rundum angrillen.
- Auf den Warmhalterost legen und ca. 10 Minuten indirekt grillen.
- Den Schafkäse in Würfel schneiden, Tomaten halbieren, würzen, Olivenöl dazugeben und zusammenmischen.
- Den gegrillten Spargel anrichten und mit Basilikumblättern garnieren.

GRILLMETHODE: direkt/indirekt
GRILLZEIT: ca. 14 Minuten bei ca. 180 °C
TIPP: Man kann den Rohschinken auch weglassen oder auch Speck verwenden.

GEGRILLTES MAISBROT MIT SCHAFKÄSE & SPECK

ZUTATEN

8 Scheiben Maisbrot vom Bäcker Ihres Vertrauens
4 Scheiben Schafkäse
16 Scheiben Frühstücksspeck, dünn geschnitten
4 EL frische Kräuter
Pfeffer aus der Mühle

ZUBEREITUNG

- Eine Scheibe Maisbrot mit Schafkäse belegen, mit frischen Kräutern bestreuen und mit einer zweiten Scheibe Maisbrot abschließen. Mit 4 Scheiben Speck einwickeln.
- Im heißen, gesäuberten Grill bei 180 °C je 2 Minuten auf allen vier Seiten angrillen.

GRILLMETHODE: direkt
GRILLZEIT: 8 Minuten bei 180 °C
TIPP: In Backpapier anrichten und verschiedene Dipsaucen oder Salate dazu servieren.

RUCOLA-BURGER

ZUTATEN

6 Burgerbrötchen
6 Fleischpatties
BBQ-Sauce
1 Bund Rucola
6 Scheiben Cheddarkäse
6 Scheiben Speck

ZUBEREITUNG

- Die Patties direkt auf dem heißen Grillrost 2 Minuten von jeder Seite angrillen. Auf den Warmhalterost setzen, den Käse daraufgeben und den Speck angrillen.
- Die Brötchen halbieren und die Unterseite mit BBQ-Sauce bestreichen, das Fleisch daraufsetzen und mit Rucola und Speck belegen. Mit der Oberseite abschließen.

GRILLMETHODE: direkt, indirekt rasten lassen
GRILLZEIT: 8–10 Minuten
TIPP: Statt der Fleischpatties kann man auch eine Hendlbrust verwenden.

ZWEIERLEI BAGELS

ZUTATEN

4 Bagels (vom Bäcker Ihres Vertrauens)
100 g Ricotta-Käse
1 Pkg. Wildkräutersalat
Blüten zum Garnieren
1 rote Zwiebel, in feine Ringe geschnitten
grobes Meersalz, Pfeffer aus der Mühle, Olivenöl
100 g Pastramischinken

ZUBEREITUNG

- Bagels aufschneiden, Ricotta-Käse salzen und pfeffern.
- Olivenöl dazumischen und abschmecken.
- Die Bagels auf dem Grillrost je Seite ca. 1 Minute angrillen.
- Zwei Bagels dünn mit der Käsefüllung bestreichen, mit Wildkräutersalat belegen, feine Zwiebelringe daraufgeben und zusammenklappen.
- Die anderen zwei Bagels mit dünn geschnittenem Pastrami belegen, ebenfalls Wildkräutersalat und Zwiebelringe daraufgeben und zusammenklappen.

GRILLMETHODE: direkt
GRILLZEIT: ca. 1 Minute pro Seite
TIPP: Bei Bagels sind in puncto Füllung der Kreativität keine Grenzen gesetzt.

FLAMMKUCHEN PIKANT GEGRILLT

ZUTATEN

125 ml Mineralwasser
4 EL Olivenöl
300 g glattes Mehl Type 480
Prise Salz
(oder Fertig-Flammkuchenteig kaufen)

FÜR DIE AUFLAGE

100 g Crème fraîche
2 EL Sauerrahm
Salz, Pfeffer, Muskatnuss
2 EL Olivenöl
2 rote Zwiebeln, in feine Spalten geschnitten
2 EL frische Kräuter, fein gehackt
100 g dünn geschnittenes Pastrami
Parmesanspäne zum Bestreuen
100 g Rucola zum Garnieren

ZUBEREITUNG

- Mineralwasser, Olivenöl, Salz und Mehl gut vermengen, bis man einen glatten Teig erhält. Zugedeckt 1/2 Stunde rasten lassen.
- Crème fraîche mit Sauerrahm verrühren, salzen, pfeffern und mit Muskat abschmecken.
- Zwiebelspalten mit Olivenöl mischen und die Kräuter dazugeben.
- Den Teig dünn ausrollen, mit der Creme bestreichen und die Zwiebeln darauf verteilen.
- Den Griller vorheizen und den Rost säubern. Den Flammkuchen mit dem Pizzaheber daraufschieben und zugedeckt bei 225 °C ca. 5 Minuten grillen.
- Flammkuchen herausnehmen, mit dünn geschnittenem Pastrami belegen und Rucolasalat sowie Parmesanspäne darauf verteilen.

GRILLMETHODE: direkt
GRILLZEIT: ca. 5 Minuten bei 225 °C
TIPP: Nicht zu viel Creme auf den Teig geben, da er ansonsten nicht knusprig wird.

POLPETTE MIT TOMATEN

ZUTATEN

500 g gemischtes Faschiertes
20 dünne Scheiben Speck
1 Zwiebel, fein gehackt
3 Knoblauchzehen, fein gewürfelt
Salz und Pfeffer aus der Mühle
2 EL Kapern, fein gehackt
1 Msp. Dijonsenf
100 ml Olivenöl
frische Basilikumblätter
4 Tomaten, in dünne Scheiben geschnitten
1 Zwiebel, in dünne Ringe geschnitten, zum Garnieren
BBQ-Sauce wenn gewünscht

ZUBEREITUNG

- Faschiertes mit Zwiebel, Knoblauch, Salz, Pfeffer, Kapern, Dijonsenf und etwas Olivenöl gut vermischen.
- Kleine Kugeln formen und mit einer dünnen Speckscheibe umwickeln.
- Auf dem heißen Grill auf den Warmhalterost setzen und ca. 14 Minuten indirekt grillen.
- Wenn gewünscht, kann man die Polpette ein- bis zweimal dünn mit BBQ-Sauce bestreichen.
- Die Tomaten auf eine Platte schichten, würzen, mit Olivenöl beträufeln, mit Zwiebelringen garnieren und mit den Polpette anrichten.

GRILLMETHODE: indirekt auf dem Warmhalterost
GRILLZEIT: ca. 14 Minuten bei ca. 180 °C
TIPP: Die Polpette können Sie mit jedem Fleisch Ihrer Wahl zubereiten, zum Beispiel auch mit Wildfleisch.

BRATWURST-HOT-DOG

ZUTATEN

4 Hot-Dog-Weckerl
8 Mini-Bratwürste
2 Birnen
2 rote Zwiebeln, in feine Spalten geschnitten
50 ml Balsamicoessig
2 EL Öl
Salz, Pfeffer, Prise Curry, Prise Zucker
Kresse zum Bestreuen

4 Holzspieße

ZUBEREITUNG

- Birnen in Spalten schneiden, mit Öl einpinseln, die Bratwürste einstechen und alles auf den gesäuberten Grillrost legen. Beidseitig bei ca. 160–180 °C etwa 3 Minuten pro Seite grillen.
- Zucker in einer Pfanne schmelzen, Zwiebelspalten dazugeben und kurz schwenken.
- Mit Balsamicoessig ablöschen, mit Salz, Pfeffer und Curry würzen und kurz aufkochen.
- Hot-Dog-Weckerl aufschneiden, angrillen und mit den warmen Zwiebeln belegen.
- Birnenspalten und Bratwurst dazugeben, mit Kresse bestreuen, den Deckel daraufgeben, mit einem Holzspieß fixieren und servieren.

GRILLMETHODE: direkt
GRILLZEIT: ca. 6 Minuten, bei größeren Bratwürsten bis ca. 12 Minuten
TIPP: Die Hot-Dog-Weckerl sollten mit einem feuchten Tuch abgedeckt werden, damit sie nicht austrocknen. Für diesen Hot Dog kann man auch andere Würstel und anderes Obst verwenden.

DREIERLEI WÜRSTCHEN-SPIESSE

ZUTATEN

6 Grillwürste
6 Frankfurter
6 Bratwürste
Senf

gewässerte Holzspieße

ZUBEREITUNG

- Die Würste in gleich große Stücke schneiden und abwechselnd auf die Spieße stecken.
- Bei 180 °C indirekter Hitze je 8 Minuten auf beiden Seiten grillen.
- Vom Grill nehmen und mit Senf und frischem Brot servieren.

GRILLMETHODE: indirekt
GRILLZEIT: ca. 16 Minuten bei 180 °C
TIPP: Die Spieße können schon sehr gut am Vorabend vorbereitet werden.

ZUPFBROT

ZUTATEN

1 kg Brot, am besten vom Vortag
250 g Rohschinken, aufgeschnitten
250 g Büffelmozzarella, in Stücke geschnitten
100 g Rucola

ZUBEREITUNG

- Das Brot vom Vortag der Länge und der Breite nach einschneiden (nicht durchschneiden).
- In die Schlitze dann abwechselnd Rohschinken und Mozzarella stecken.
- Das fertig bestückte Brot auf einem Pizzastein in den vorgeheizten Griller geben und bei indirekter Hitze von 160 °C ca. 25–30 Minuten knusprig backen, bis der Käse geschmolzen ist.
- Nach der Backzeit das Brot aus dem Griller nehmen und ca. 10 Minuten abkühlen lassen. Anschließend mit dem marinierten Rucola belegen.

GRILLMETHODE: indirekt auf dem Pizzastein
GRILLZEIT: ca. 25–30 Minuten bei 160 °C
TIPP: Wenn gewünscht, kann man statt des Rohschinkens auch andere Schinkensorten verwenden. Dazu servieren Sie zum Beispiel Gemüsesticks mit Dipsaucen.

RIPPERL-SANDWICH

ZUTATEN

1 Seite gegrillte Ripperl (siehe Seite 124)
8 Scheiben Toastbrot
100 g Frischkäse oder Gervais
100 g Marillenchutney
2 EL körniger Senf
8 Romanasalatblätter
Salz und Pfeffer aus der Mühle

ZUBEREITUNG

- 4 Scheiben Toastbrot dünn mit Frischkäse oder Gervais bestreichen und körnigen Senf daraufgeben.
- Die 4 restlichen Toastscheiben dünn mit Marillenchutney bestreichen.
- Das Fleisch von den Ripperln lösen, dünn schneiden, salzen und pfeffern und auf die Scheiben mit dem Frischkäse legen.
- Die Romanasalatblätter leicht flachdrücken, darauflegen, obenauf eine Toastscheibe mit Chutney geben und leicht andrücken.
- Auf den heißen Grillrost legen, leicht beschweren (Gemüsekorb) und bei ca. 140 °C pro Seite 5 Minuten grillen.
- Vor dem Servieren einmal schräg durchschneiden.

GRILLMETHODE: direkt
GRILLZEIT: ca. 10 Minuten bei ca. 140 °C
TIPP: Man kann auch Pastrami oder einen saftigen Schinken verwenden.

GRILLWURST IM SCHLAFROCK

ZUTATEN

4 Grillwürste (z. B. typisch österreichische Käsekrainer)
1 Pkg. Blätterteig
1 Eidotter

ZUBEREITUNG

- Den Blätterteig in 2 cm breite Streifen schneiden.
- Die Würste mit einer Gabel anstechen und mit den Blätterteigstreifen umwickeln. Auf einen Pizzastein oder in eine mit Backpapier belegte Gusseisenform geben, mit Dotter bestreichen und im vorgeheizten Griller bei 200 °C ca. 25 Minuten indirekt grillen.

GRILLMETHODE: indirekt
GRILLZEIT: ca. 25 Minuten bei 200 °C
TIPP: Servieren Sie die Würste mit Kren oder einem selbst gemachten Dip zum Aperitif.

LEBERKÄSE-BRIOCHE-TERRINE

ZUTATEN

FÜR DEN BRIOCHETEIG

750 g griffiges Mehl
250 g glattes Mehl
12 Dotter
50 g Zucker
Salz
75 ml geklärte Butter
1/2 l Milch
50 g Germ

FÜR DIE TERRINE

9 Scheiben Brioche
200 ml Kürbiskernpesto
200 g frischer Blattspinat, geputzt
500 g Leberkäse (oder auch Bratwurst, Extrawurst, Krakauer)

FÜR DIE GRATINIERMASSE

3 Eier
3 Dotter
125 ml Milch
125 ml Schlagobers
100 ml flüssige Butter
Salz und Pfeffer aus der Mühle
Muskatnuss gemahlen

1 Form, mit wenig Öl und Bröseln ausgekleidet

ZUBEREITUNG

- Für die Brioche lauwarme Milch mit Germ, Salz und einem Teil Zucker vermengen. Dampfl aufgehen lassen, restliche Zutaten dazumengen und gut durchkneten. Teig schleifen, dann ca. 30 Minuten gehen lassen, in 5 Teile teilen, in gebutterte Form setzen, nochmals 30 Minuten gehen lassen und bei 150 °C ca. 30 Minuten backen..
- Drei Scheiben Brioche in die Form legen, mit Pesto leicht bestreichen, Spinatblätter und drei dünne Scheiben Leberkäse darauflegen. Diesen Vorgang wiederholen und mit einer Schicht Brioche abschließen.
- Die Zutaten für die Gratiniermasse vermischen und über die Terrine gießen. Bei 180 °C 35–40 Minuten backen.

GRILLMETHODE: indirekt
GRILLZEIT: 35–40 Minuten bei 180 °C
TIPP: Die Terrine aus der Form stürzen und 10 Minuten abkühlen lassen, bevor man sie schneidet. Dann behält sie die schöne Form.

SNACKS VOM GRILL

ZUTATEN

4 Stück Blätterteig à 10 x 20 cm
50 ml Milch

FÜR DEN ERSTEN SNACK

8 halbierte Cherry-Tomaten
100 g geriebener Mozzarella
3 EL Basilikumpesto
grobes Meersalz, Pfeffer aus Mühle

FÜR DEN ZWEITEN SNACK

1 Pkg. Miniwürstchen (ca. 16 Stück)
4 EL Ketchup
2 TL Pizzagewürz

ZUBEREITUNG

- Den Griller vorheizen und einen Pizzastein einlegen.
- Für den ERSTEN SNACK zwei Stück Blätterteig in Quadrate à 5 cm Kantenlänge schneiden. Mit Milch bestreichen und je eine Cherry-Tomaten-Hälfte daraufsetzen. Mit Salz sowie Pfeffer würzen, Pesto darauf verteilen und den Mozzarella darüberstreuen.
- Für den ZWEITEN SNACK den restlichen Blätterteig in gleich große Dreiecke schneiden, insgesamt 16 Stück.
- Jedes Dreieck mit Ketchup bestreichen und mit dem Pizzagewürz würzen. Jeweils ein Würstchen daraufsetzen und von unten einrollen. Die Spitze nach unten drehen und mit Milch bepinseln.
- Die Snacks auf Backpapier legen und auf den vorgeheizten Pizzastein geben.

Bei indirekter Hitze bei ca. 190 °C 10–12 Minuten backen.

GRILLMETHODE: indirekt auf dem Pizzastein
GRILLZEIT: 10–12 Minuten bei ca. 190 °C
TIPP: Wenn man den zweiten Snack vegetarisch zubereiten möchte, kann man statt der Würstchen auch Minimaiskolben verwenden.

BURGER-PIZZA

ZUTATEN

200 g Rinderfaschiertes
1 Zwiebel, fein gehackt
Salz, Pfeffer
100 ml flüssige Butter

FÜR DEN PIZZATEIG

225 ml lauwarmes Wasser
350 g glattes Mehl
10 g Trockengerm
Prise Salz und Zucker
2 cl Olivenöl

200 g Büffelmozzarella
200 ml Tomatensauce
2 rote Zwiebeln, in Spalten
2 Tomaten, jeweils in 8 Spalten geschnitten, ohne Kerngehäuse
100 g frisches Basilikum, in feine Streifen geschnitten
4 EL Olivenöl

ZUBEREITUNG

- Für den PIZZATEIG das Mehl mit dem Trockengerm vermengen, Salz und Zucker und anschließend lauwarmes Wasser und Olivenöl dazugeben.
- Kurz in der Küchenmaschine kneten, bis sich der Teig löst.
- Den Teig vierteln, die Teile auf der Arbeitsplatte schleifen und ca. 20 Minuten rasten lassen.
- Rinderfaschiertes mit flüssiger Butter und Zwiebel gut vermengen, salzen und pfeffern, vier Laibchen formen und bei 200 °C kurz grillen.
- Pizzateig ausrollen und mit etwas Tomatensauce bestreichen. Die faschierten Laibchen in Stücke brechen und mit den Zwiebel- sowie Tomatenspalten auf dem Pizzateig verteilen. Mit Olivenöl beträufeln und mit Pfeffer aus der Mühle würzen.
- Auf einem Pizzastein bei ca. 220–250 °C grillen, den Deckel schließen.

GRILLMETHODE: direkt auf einem Pizzastein
GRILLZEIT: 4–6 Minuten bei 220–250 °C
TIPP: Wenn man den Pizzateig für einige Stunden mit Backpapier abgedeckt in den Kühlschrank gibt, wird er beim Grillen besonders knusprig.

- Man kann den ausgerollten Teig auch auf dem Grillrost zuerst auf einer Seite angrillen, dann umdrehen, belegen und auf dem Grillrost fertig backen.

QUESADILLA

ZUTATEN

4 EL Olivenöl
1 Zwiebel, fein gewürfelt
100 g Speck, in Streifen geschnitten
200 g rote Bohnen aus der Dose
200 g Maiskörner aus der Dose
4 EL frischer Koriander, gehackt
Saft von 1 Zitrone
8 Scheiben Cheddar-Käse
8 kleine Weizencrêpes
Salz und Pfeffer aus der Mühle
Prise Zucker
1 TL Paprikapulver
Chiliflocken
etwas Butterschmalz

ZUBEREITUNG

- Pfanne erhitzen, Olivenöl hineingeben, Zwiebel und Speck darin anrösten und Zucker dazugeben.
- Kurz Farbe nehmen lassen, Bohnen und Mais dazumischen und mit Paprikapulver sowie Chiliflocken würzen. Zur Seite stellen und mit Koriander, Zitronensaft, Salz und Pfeffer abschmecken.
- Die Crêpes auflegen, mit je einer Scheibe Käse belegen, etwas von der Bohnen-Mais-Masse in die Mitte geben und die Crêpes zu einem Halbmond zusammenlegen.
- Die Grillplatte auf den heißen Griller aufsetzen, bei wenig Hitze, ca. 160 °C, etwas Butterschmalz darauf verstreichen und die gefüllten Quesadillas ca. 3–4 Minuten pro Seite angrillen.

GRILLMETHODE: direkt auf (keramischer) Grillplatte
GRILLZEIT: ca. 6–8 Minuten bei ca. 160 °C
TIPP: Der Käse schmilzt und verbindet die Masse. Dazu passt sehr gut Guacamole.

CHILI AUS DEM DUTCH OVEN

ZUTATEN

250 g Chorizo
2 Zwiebeln, in feine Würfel geschnitten
2 Dosen Tomaten
3 Knoblauchzehen, in feine Würfel geschnitten
2 kg gemischte Bohnen
2 Chilischoten
Salz, Pfeffer
100 ml Bier

ZUBEREITUNG

- Den Dutch Oven im Griller vorheizen.
- Die Chorizo gut darin anbraten, die Zwiebeln dazugeben und kurz mit anschwitzen.
- Alle anderen Zutaten bis auf das Bier dazugeben.
- Aufkochen lassen und ca. 1 1/2 Stunden bei direkter Hitze von ca. 160 °C köcheln lassen. Von Zeit zu Zeit umrühren.
- Kurz vor dem Ende der Garzeit kurz abschmecken, das Bier dazugeben und weitere 5 Minuten köcheln lassen.

GRILLMETHODE: direkt im Dutch Oven
GRILLZEIT: ca. 1 1/2 Stunden bei ca. 160 °C
TIPP: Statt Chorizo kann man auch Faschiertes oder kleinwürfeliges Fleisch verwenden.

BLUMENKOHL IM MANTEL

ZUTATEN

1 Stück Blumenkohl
1 kg gemischtes Faschiertes
Salz und Pfeffer aus der Mühle
1 EL Senf
1 EL Majoran, gerebelt
1 EL Kümmel, gemahlen
1 Ei
100 ml Olivenöl
2 rote Zwiebeln, fein gewürfelt

ZUBEREITUNG

- Alle Zutaten bis auf den Blumenkohl vermengen und kalt stellen.
- In der Zwischenzeit den ganzen Blumenkohl mit reichlich Salzwasser bissfest kochen, aus dem Wasser nehmen und abtropfen lassen.
- Die faschierte Masse fest auf den Blumenkohl drücken und mit angefeuchteten Händen glatt streichen, bis er zur Gänze verschlossen ist.
- Auf einen Pizzastein setzen und im Griller bei ca. 200 °C 25–30 Minuten bei indirekter Hitze grillen.

GRILLMETHODE: indirekt
GRILLZEIT: 25–30 Minuten bei ca. 200 °C
TIPPS: Nach etwa der halben Grillzeit den Blumenkohl mit BBQ-Sauce einpinseln, sorgt für eine „Geschmacksexplosion".

- Als Beilagen empfehle ich Kartoffeln und Currymayonnaise.

NUDELAUFLAUF

ZUTATEN

250 g Nudeln, z. B. Penne
200 g Schinken, in Würfel geschnitten
je 1 gelber und roter Paprika, in Würfel geschnitten
1 Stange Lauch, klein geschnitten
3 Eier
200 ml Wasser
250 ml Obers
150 g Käse, gerieben
Rosmarin, Thymian und Petersilie nach Belieben, klein geschnitten
Butter für die Form
Salz und Pfeffer

ZUBEREITUNG

- Eine Auflaufform mit Butter gut ausfetten und die Nudeln hineingeben.
- Kräuter, Schinken, Paprika und Lauch miteinander vermischen und über die Nudeln verteilen.
- Wasser, Obers und die Eier vermengen, mit Salz und Pfeffer würzen und über die Masse gießen. Mit Käse bestreuen.
- Die Form im vorgeheizten Griller indirekt bei 170 °C 35–45 Minuten backen.

GRILLMETHODE: indirekt
GRILLZEIT: 35–45 Minuten bei 170 °C
TIPP: Servieren Sie diesen Nudelauflauf mit frischem Salat.

VEGETARISCHE GENÜSSE

GEFÜLLTE TOMATE & SCHAFKÄSE MIT RAUCH

ZUTATEN

4 Tomaten
200 g Schafkäse, gewürfelt
1 Knoblauchzehe, fein gewürfelt
1 kleine Zwiebel, fein gewürfelt
Salz und Pfeffer aus der Mühle
100 ml Olivenöl
2 EL heller Balsamicoessig
10 Basilikumblätter
100 g Rucolasalat

eingeweichte Holzchips

ZUBEREITUNG

■ Tomaten waschen, halbieren und entkernen.
■ 6 Basilikumblätter in Streifen schneiden, mit Schafkäsewürfeln mischen und in die Tomaten füllen.
■ Griller auf 180 °C aufheizen und ein paar eingeweichte Holzchips in die Rauchbox geben.
■ Die Rauchbox unter den Rost auf die Heizschlange stellen, nach ein paar Minuten kommt es im Griller zu einer leichten Rauchentwicklung (weniger ist mehr).
■ Die Tomaten in einem Gemüsekorb auf den Rost stellen und ca. 12 Minuten indirekt grillen.
■ Für die MARINADE Zwiebel, Knoblauch, Balsamicoessig und Gewürze vermischen, mit Olivenöl glatt rühren und abschmecken.
■ Rucolasalat auf Teller verteilen, geräucherte Tomaten aufsetzen, mit Marinade umgießen und mit den restlichen Basilikumblättern garnieren.

GRILLMETHODE: indirekt im Gemüsekorb
GRILLZEIT: ca. 12 Minuten bei 180 °C
TIPP: Obstbaum-Holzchips eignen sich perfekt für ein zartes Raucharoma.

COUSCOUS-SALAT

ZUTATEN

200 g Couscous, neutral
2 Zwiebeln, fein gehackt
100 ml Olivenöl
Saft und Abrieb von 1 Zitrone
200 ml Gemüsefond
200 g kleine Tomaten
100 g frisch geriebener Parmesan
200 g Rucolasalat oder junger Spinat
Salz und Pfeffer aus der Mühle
Sprossen zum Garnieren

ZUBEREITUNG

- Den Griller aufheizen und eine gusseiserne Pfanne aufstellen.
- Den Couscous in der Pfanne kurz trocken rösten.
- Olivenöl dazugeben, Zwiebeln mitrösten, mit Zitronensaft ablöschen und die kleinen Tomaten untermischen.
- Gemüsefond dazugeben, kurz umrühren und zugedeckt ca. 6 Minuten ziehen lassen.
- Die Pfanne vom heißen Griller nehmen und auf einen Untersetzer stellen.
- Parmesan mit Rucolasalat oder Spinat und Zitronenabrieb unterheben, salzen und pfeffern.
- Mit Sprossen garnieren.

GRILLMETHODE: direkt in der Gusseisenpfanne oder im Dutch Oven
GRILLZEIT: ca. 6–10 Minuten bei ca. 200 °C
TIPP: Das ist einmal eine andere Art, für Freunde Couscous auf dem Griller zuzubereiten.

- Wenn man die Tomaten halbiert, so hat man mit dem Tomatensaft mehr Flüssigkeit und eine zusätzliche Geschmacksnuance.

SELLERIESUPPE GERÄUCHERT

ZUTATEN

1 kleine Sellerieknolle
3 Schalotten, fein geschnitten
3 Knoblauchzehen, fein gehackt
600 ml Gemüsefond
300 ml Schlagobers
Saft von 1 Zitrone
Rapsöl zum Anbraten
Butter zum Montieren
2 EL Kren, gerieben
Salz und Pfeffer aus der Mühle
Muskatnuss, gemahlen

FÜR DIE GARNITUR

4 EL Walnüsse
1 EL Staubzucker
Prise Fleur de Sel

eingeweichte Holzchips

ZUBEREITUNG

- Sellerie in Scheiben schneiden, kurz überkochen und abtupfen.
- Griller aufheizen und den Grillrost säubern.
- Eingeweichte Holzchips in die Rauchbox geben und unter dem Grillrost auf die Heizschlange stellen. Kurz warten, bis sich Rauch entwickelt.
- Die Selleriescheiben auf den Grillrost legen. Den Griller auf ca. 140 °C stellen und die Selleriescheiben ca. 20 Minuten leicht räuchern.
- Auf dem Seitenkocher einen Topf aufstellen.
- Den Sellerie grob hacken, Rapsöl in den Topf geben, Schalotten sowie Knoblauch anschwitzen, Sellerie dazugeben und mit Gemüsefond und Obers aufgießen. Ca. 15 Minuten köcheln lassen.
- Kren und Zitronensaft beigeben, mit Salz, Pfeffer und Muskat abschmecken, fein aufmixen und mit Butter montieren.
- Für die GARNITUR den Zucker in einer kleinen Pfanne schmelzen, Nüsse dazugeben, karamellisieren und mit Salz bestreuen.
- Auf Backpapier leeren, kurz abkühlen lassen und grob hacken.
- Suppe anrichten und mit Nüssen garnieren.

GRILLMETHODE: direkt auf dem Rost, mit Grillrauch
GRILLZEIT: ca. 20 Minuten bei 140 °C
TIPP: Man kann auch Tomaten, Gurken, Paprika, Zwiebeln oder Knoblauch räuchern und eine Suppe daraus zubereiten oder auch alles zusammen für eine Gazpacho verwenden.

BRUSCHETTA MIT SCHAFKÄSE

ZUTATEN

2 große Scheiben Ciabatta
500 g kleine Tomaten, gemischt
200 g harter Schafkäse (aus Österreich) oder Fetakäse
1 rote Zwiebel, geviertelt und in feine Streifen geschnitten
Salz und Pfeffer aus der Mühle
fein gehackter Rosmarin und Thymian
Honig
Balsamicoessig bianco
Olivenöl

ZUBEREITUNG

- Ciabatta-Scheiben angrillen.
- Die Tomaten mit der geschnittenen roten Zwiebel in einer Schüssel vermengen, salzen und pfeffern.
- Rosmarin, Thymian, Honig, Essig und das Olivenöl vermischen und die Tomaten-Zwiebel-Mischung damit marinieren.
- Auf dem gegrillten Brot verteilen, mit Schafkäsestücken belegen und auf einem Pizzastein ca. 10–12 Minuten grillen.

GRILLMETHODE: indirekt
GRILLZEIT: 10–12 Minuten bei ca. 180 °C
TIPP: Bestreuen Sie die Brote mit gerösteten Kürbis- oder Pinienkernen.

HALLOUMI-KÄSE VOM ZEDERNBRETT

ZUTATEN

2 Stück Halloumi-Käse à 250 g

FÜR DIE GEMÜSEVINAIGRETTE MIT KERNÖL

200 g Karotten und Gelbe Rüben, in Würfel geschnitten
200 g Jungzwiebeln, in feine Ringe geschnitten
100 g Kürbiskerne, geröstet
1 Msp. Senf
100 ml Balsamicoessig bianco
100 ml Gemüsefond
100 ml Kürbiskernöl
2 EL Rapsöl
Salz, Pfeffer, Zucker

1 gewässertes Zedernbrett

ZUBEREITUNG

- Für die GEMÜSEVINAIGRETTE die gelben Rüben und Karotten mit wenig Öl in einer Pfanne rösten, Jungzwiebeln dazumischen und zur Seite stellen.
- Gemüsefond, Senf, Salz, Pfeffer, Zucker, Essig und Kernöl mit dem Stabmixer mixen.
- Über das Gemüse leeren, gehackte Kürbiskerne zugeben und abschmecken.
- Den Griller aufheizen und das gewässerte Zedernbrett auf den Griller legen.
- Den Halloumi-Käse daraufgeben und ca. 20 Minuten zugedeckt bei ca. 200 °C grillen.
- Mit der Gemüsevinaigrette auf dem Brett servieren.

GRILLMETHODE: direkt auf dem Zedernbrett
GRILLZEIT: ca. 20 Minuten bei ca. 200 °C
TIPP: Der Griller sollte nicht unbeaufsichtigt bleiben, da das Brett zu brennen beginnen könnte. Halten Sie immer eine Sprühflasche mit Wasser bereit, um schnell eingreifen zu können. Das Zedernbrett ist für mich ein „Aromabrett", es verleiht dem Grillgut einen unübertrefflichen und ganz besonderen Geschmack.

BROTSALAT

ZUTATEN

12 Scheiben Ciabatta
8 grüne und schwarze Oliven ohne Kern
8 kleine Cherrytomaten
1 Knoblauchzehe, feinblättrig geschnitten
100 g getrocknete Tomaten in Öl, gehackt
100 ml Olivenöl
1 EL Senf
1 EL Honig
Parmesan zum Bestreuen
Meersalz und Pfeffer aus der Mühle
marinierte Salatspitzen zum Garnieren
frische Kresse zum Bestreuen

ZUBEREITUNG

- Ciabatta-Scheiben kurz angrillen, eine kleine emaillierte Pfanne leicht ausfetten.
- Cherrytomaten halbieren und mit Oliven, Knoblauch sowie getrockneten Tomaten vermengen.
- Senf, Honig, Salz, Pfeffer und Olivenöl vermischen, über das Gemüse geben und vorsichtig umrühren.
- Die Pfanne mit den Ciabatta-Scheiben auslegen, das Gemüse darauf verteilen, mit Parmesan bestreuen und im heißen Griller bei 200 °C ca. 12 Minuten grillen.
- Die heiße Pfanne vom Griller nehmen, mit dem marinierten Salat garnieren und mit Kresse bestreuen.

GRILLMETHODE: indirekt
GRILLZEIT: ca. 12 Minuten bei 200 °C
TIPP: Man kann den Brotsalat auch in einer großen Porzellanform zubereiten.

SCHAFKÄSE-FEIGEN-HOT-DOG

ZUTATEN

4 Hot-Dog-Weckerl
8 Scheiben Schafkäse, Größe je nach Weckerl
4 Feigen, halbiert
Salz und Pfeffer aus der Mühle
4 Romanasalatblätter
200 ml Rotwein
2 Schalotten, fein gehackt
2 EL Honig

ZUBEREITUNG

- Rotwein, Honig sowie Schalotten aufkochen und kurz einreduzieren.
- Schafkäse, Feigen und aufgeschnittene Hot-Dog-Weckerl auf dem Grillrost angrillen.
- Den Salat auf den Weckerln verteilen, mit der Marinade beträufeln, salzen, pfeffern und den Schafkäse und die Feigen daraufgeben.
- Kurz noch in den heißen Griller legen und servieren.

GRILLMETHODE: kurz direkt
GRILLZEIT: ca. 6 Minuten bei ca. 180 °C
TIPP: Man kann auch selbst gemachte Buns verwenden.

WASABI-GURKENBECHER

ZUTATEN

5 Salatgurken
300 g Frischkäse
1 EL Wasabipaste
150 g Crème fraîche
50 g Dille, fein gehackt
Salz und Pfeffer aus der Mühle

ZUBEREITUNG

- Die Gurken in 4 cm lange Stücke schneiden, mit einem Kugelausstecher oder einem Löffel wie einen Becher aushöhlen und mit Salz und Pfeffer innen würzen. Zum Abtropfen verkehrt auf Küchenpapier legen. Inzwischen den Frischkäse, Crème fraîche, Dille und Wasabipaste miteinander verrühren und abschmecken.
- Die Masse in die Becher füllen und auf einen Grillkorb stellen.
- Bei direkter Hitze von 170 °C 10–12 Minuten grillen.

GRILLMETHODE: direkt
GRILLZEIT: 10–12 Minuten bei 170 °C
TIPP: Statt Gurken kann man auch Zucchini verwenden.

BUNTE GEMÜSESPIESSE

ZUTATEN

30 Cherrytomaten
4 rote Zwiebeln
je 2 gelbe und grüne Zucchini
3 rote Paprika
30 Champignons
frische Kräuter aus dem Kräutergarten, gehackt
etwas Olivenöl
Salz und Pfeffer aus der Mühle
eingewässerte Holzspieße

ZUBEREITUNG

- Gemüse in mundgerechte Stück schneiden, mit Olivenöl, Salz, Pfeffer sowie den frischen Kräutern würzen.
- Gemüse abwechselnd auf die Spieße stecken und indirekt bei ca. 170 °C 7 Minuten auf jeder Seite grillen.

GRILLMETHODE: indirekt
GRILLZEIT: ca. 14 Minuten bei ca. 170 °C
TIPP: Sie können auch anderes Gemüse je nach Saison nehmen.

FLADENBROT VOM GRILL

ZUTATEN FÜR DEN TEIG

425 g Mehl glatt Type 480
60 g Mehl Type 550
3 EL warme Milch
200 ml warmes Wasser
2 EL Zucker
2 TL Trockenhefe oder eine Ecke frische Hefe
4 Eier
2 1/2 TL Salz
80 g flüssige Butter

200 g gemischte Cherrytomaten
100 g schwarze Oliven
2 Rosmarinzweige, fein gehackt

ZUBEREITUNG

- Warme Milch, Wasser, Zucker und Hefe in einer Schüssel vermischen und ca. 10 Minuten stehen lassen.
- Eier extra verschlagen.
- Mehl, Salz und Butter vermengen.
- Hefemischung und Ei verrühren und mit den anderen Teigzutaten zusammenmischen.
- Den Teig gut durchkneten, bis er seidig glänzt, und eine Stunde warm rasten lassen.
- Eine gusseiserne Pfanne leicht ausfetten und auf den heißen Griller stellen.
- Die Tomaten mit den Oliven und dem gehackten Rosmarin vermengen.
- Den Teig in die heiße Pfanne pressen und die Tomaten und Oliven hineindrücken.
- Die Pfanne vom Rost entkoppeln (mittels eines Ziegelsteins) und das Fladenbrot indirekt 25–30 Minuten zugedeckt grillen.

GRILLMETHODE: indirekt
GRILLZEIT: 25–30 Minuten bei ca. 180 °C
TIPP: Man kann das Fladenbrot auch auf einem Pizzastein oder einer Keramikplatte zubereiten.

SPITZKOHL VOM DUTCH OVEN

ZUTATEN

1 kleiner Spitzkohl- oder Spitzkrautkopf, in Streifen geschnitten
100 g Tofuwürfel
2 Zwiebeln, fein geschnitten
100 ml Weißwein
200 ml Gemüsefond
100 ml Schlagobers
2 EL Crème fraîche
Salz und Pfeffer aus der Mühle
Muskatnuss, gemahlen
2 EL Petersilie, gehackt
1 EL Rapsöl

ZUBEREITUNG

- Den Griller und den Dutch Oven auf 200 °C aufheizen.
- Die Tofuwürfel im Dutch Oven mit Rapsöl anschwitzen, Zwiebeln und Kohl dazugeben, mit Weißwein ablöschen, mit Fond aufgießen und ca. 10 Minuten köcheln lassen.
- Obers sowie Crème fraîche miteinander verrühren und zum Kohl geben.
- Mit Salz, Pfeffer, Petersilie und Muskatnuss abschmecken.

GRILLMETHODE: direkt im Dutch Oven
GRILLZEIT: 15–20 Minuten bei 200 °C
TIPP: Man kann statt Tofuwürfeln auch Speck verwenden.

INDISCHER GEMÜSEREIS

ZUTATEN

250 g Basmati- oder Jasminreis
100 g Schalotten, fein gehackt
2 Knoblauchzehen, fein gehackt
50 g Butter
500 ml Gemüsefond
Salz, Pfeffer
2 EL Curry
1 EL Honig
2 Biozitronen, in dünne Scheiben geschnitten

ZUBEREITUNG

- Gemüsefond mit Curry, Honig, Salz und Pfeffer kurz aufmixen.
- Schalotten und Knoblauch mit Butter anschwitzen.
- Eine feuerfeste Form mit Zitronenscheiben auslegen.
- Den gewaschenen Reis mit den Schalotten und dem Knoblauch vermengen und auf den Zitronen verteilen. Mit dem gewürzten Gemüsefond übergießen.
- Befeuchtetes Backpapier darüberspannen und mit Alufolie abdecken.
- Im Griller indirekt bei 170 °C ca. 25 Minuten grillen.
- Danach Backpapier und Alufolie weggeben, die Biozitronen herausnehmen, den Reis durchmischen und abschmecken.

GRILLMETHODE: indirekt
GRILLZEIT: ca. 25 Minuten bei 170 °C
TIPP: Man kann die Zitronen mit einem Messer auch von der Schale befreien.

KNUSPRIGE KARTOFFEL-ZUCCHINI-LAIBCHEN

ZUTATEN

500 g Kartoffeln, geschält
250 g Zucchini, entkernt
Salz und Pfeffer aus der Mühle
2 Knoblauchzehen, fein gehackt
100 g Lauch, in Streifen
2 EL Butterschmalz
2 Eidotter
100 g Stärkemehl (Kartoffeln)

2 Orangen, zu Filets verarbeitet
50 g Walnüsse, halbiert
2 EL Zucker
50 g Butter
10 ml Orangensaft
Chicorée-Salat zum Garnieren

ZUBEREITUNG

- Kartoffeln grob mit Reibeisen reiben, ausdrücken und Zucchini dazureiben.
- Eidotter, Lauch, Knoblauch, Butterschmalz, Stärkemehl, Salz und Pfeffer dazumischen und Laibchen formen.
- Beim Griller auf einer Seite die Grillplatte einsetzen, mit etwas Öl bestreichen und die Kartoffel-Zucchini-Laibchen von beiden Seiten grillen.
- Zucker in einer Pfanne schmelzen, Butter dazugeben und die halbierten Walnüsse kurz darin schwenken.
- Mit Orangensaft ablöschen, kurz aufkochen, die Orangenfilets hineingeben und mit den Laibchen anrichten. Mit Chicorée-Salat garnieren.

GRILLMETHODE: direkt auf der Grillplatte
GRILLZEIT: 5 Minuten pro Seite bei 160 °C
TIPP: Man kann die Laibchen nach dem Angrillen auf die andere Seite des Grillers legen, also auf den Rost, und die Garnitur auf der Platte zubereiten.

KARTOFFEL-BURGER

ZUTATEN

1 kg mehlige Kartoffeln, geschält
100 g Apfelstücke, geschält und gewürfelt
100 g Zwiebeln, fein gehackt
100 g flüssige braune Butter
100 ml flüssiges Obers
3 Eidotter
30 g Kartoffelstärkemehl
Salz, Muskat
Butterschmalz zum Bestreichen der Pfanne

ZUBEREITUNG

■ Die Kartoffeln in Salzwasser kochen, das Wasser ableeren und ausdampfen lassen.
■ Den Dutch Oven auf dem Griller aufstellen.
■ Die Butter erhitzen, Zwiebeln goldbraun anschwitzen, Apfelwürfel dazugeben und leicht karamellisieren.
■ Das Obers dazugießen und aufkochen lassen, die Kartoffeln in die Obersmasse pressen.
■ Eidotter, Stärke, Salz, Pfeffer sowie Muskat beigeben und abschmecken.
■ Ca. 100 g schwere Burger formen.
■ Griller aufheizen und keramische Grillplatte aufsetzen.
■ Etwas Butterschmalz darauf verteilen und die Burger beiderseits bei 160–180 °C ca. 4–5 Minuten pro Seite grillen.

GRILLMETHODE: direkt auf keramischer Grillplatte
GRILLZEIT: ca. 8–10 Minuten bei 160–180 °C
TIPPS: Mit Apfel-Chili-Sauce als eigenes Gericht servieren oder auch als Beilage zu gegrillten Steaks.
Wenn man die Laibchen in Stärke wälzt, werden sie knuspriger.

GEGRILLTE PORTOBELLO-PILZE

ZUTATEN

4 Portobello-Pilze
100 g Karotten und Gelbe Rüben, gewürfelt
1 Zwiebel, in feine Streifen geschnitten
4 EL frische Kräuter, gehackt
2 EL Parmesan, gerieben
2 EL geröstete Kürbiskerne, gehackt
1 EL Rapsöl zum Anbraten
Salz und Pfeffer aus der Mühle
50 ml Olivenöl
Sprossen zum Garnieren

ZUBEREITUNG

- Pilze mit wenig Wasser putzen, Stiele abschneiden und die Hüte mit einem Löffel aushöhlen. Stiel und Pilzstücke vom Aushöhlen fein hacken.
- Karotten und Gelbe Rüben in Rapsöl anrösten, kurz auf den Punkt garen, salzen und pfeffern.
- Die Hälfte des Gemüses zur Seite stellen.
- Die Zwiebel zum restlichen Gemüse geben und kurz mitrösten.
- Gehackte Pilze sowie Kräuter beigeben, Parmesan und Olivenöl untermengen und abschmecken.
- Die Masse auf die Pilzböden (die umgedrehten Pilzhüte) verteilen, im heißen Griller auf den Warmhalterost stellen und ca. 14 Minuten indirekt grillen.
- Das restliche Gemüse mit den Kürbiskernen auf den Tellern verteilen.
- Die gegrillten Pilze daraufsetzen und mit marinierten Sprossen garnieren.

GRILLMETHODE: indirekt auf dem Warmhalterost
GRILLZEIT: ca. 14 Minuten bei ca. 180 °C, je nach Größe
TIPP: Statt Portobello-Pilzen kann man natürlich auch Champignons verwenden.

FISCHE & MEERESFRÜCHTE

LACHSFORELLE WARM GERÄUCHERT

ZUTATEN

4 Lachsforellenfilets à ca. 300 g
Salz und Pfeffer aus der Mühle
Abrieb von 2 Limetten
100 ml Olivenöl
4 EL Dijonsenf
4 TL brauner Zucker
4 EL Räuchermehl (bekommt man im Fachhandel)
1 TL Wacholderbeeren
1 TL Pfefferkörner schwarz oder weiß
4 Lorbeerblätter

ZUBEREITUNG

- Die geputzten, entgräteten Lachsforellenfilets salzen und pfeffern, mit braunem Zucker bestreuen, mit Olivenöl beträufeln und leicht verreiben. Dünn mit Dijonsenf bestreichen, mit Limettenabrieb leicht bestreuen, ca. 1 Stunde marinieren, dann wie folgt leicht räuchern.
- Zum Warmräuchern einen TL Wacholderbeeren mit einem TL Pfefferkörner schwarz oder weiß und 4 Lorbeerblättern in einer Pfanne kurz trocken rösten, dann fein mörsern. Das Räuchermehl in einer kleinen Nirosta-Pfanne verteilen, die gemörserten Gewürze darauf verstreuen. Dann auf die Pfanne einen kleinen Rost setzen, auf den Rost ein befeuchtetes Packpapier legen und die marinierten Fischfilets daraufsetzen. Nun stehen zwei Varianten zur Wahl:

1. VARIANTE: Die Nirosta-Pfanne auf den heißen Grillrost stellen. Das Räuchermehl beginnt zu glosen, es entsteht Rauch. Den Deckel vom Griller schließen und den Fisch ca. 15–20 Minuten zugedeckt garen. Dabei sollte der Griller auf der Terrasse oder dem Balkon stehen oder unter einer gut funktionierenden Abzugshaube.

2. VARIANTE: Die Nirosta-Pfanne kurz auf eine heiße Herdplatte stellen, dadurch beginnt das Räuchermehl zu glosen. Dann die Nirosta-Pfanne gleich bei 140–160 °C ins geschlossene Backrohr stellen. Wichtig: Dabei nur Ober- oder Unterhitze verwenden! Keine Umluft einschalten, sonst würde das Räuchermehl durch das Backrohr wirbeln!

- Das Fischfilet heiß servieren.

GRILLMETHODE: direkt/indirekt.
GRILLZEIT: 15–20 Minuten bei 140–160 °C
TIPP: Als Beilage passen gestampfte Kartoffeln und zart marinierte Salate.

FORELLENFILET AUF GEGRILLTER ZUCCHINI

ZUTATEN

4 Forellenfilets
à 100–120 g
4 dicke Zucchinischeiben
Salz und Pfeffer aus
der Mühle
100 ml Olivenöl
50 g getrocknete
Tomatenwürfel
100 g fein gehackte
Jungzwiebeln
1 TL Senfkörner
Saft von 1 Limette
1 Prise Zucker
100 ml Wasser
Blüten zum Garnieren

ZUBEREITUNG

- Zucchinischeiben salzen und 10 Minuten ziehen lassen.
- Griller aufheizen, den Rost säubern und die Zucchini bei größter Hitze angrillen, sodass auf beiden Seiten eine schöne Grillmarkierung sichtbar wird.
- Wasser mit Zucker und Senfkörnern aufkochen und leicht einkochen lassen. Limettensaft, Olivenöl und Tomatenwürfel dazugeben, verrühren und abschmecken.
- Die Forellenfilets leicht salzen und auf die angegrillten Zucchini legen.
- Eine Eisenpfanne mit Backpapier auslegen, die Zucchini mit den Forellenfilets hineinsetzen, mit Marinade bestreichen und indirekt ca. 10 Minuten grillen.
- Mit Blüten garnieren und servieren.

GRILLMETHODE: Zucchini direkt, dann mit den Filets indirekt fertig grillen
GRILLZEIT: insgesamt ca. 14 Minuten bei 200 °C
TIPP: Die Pfanne verhindert, dass die Marinade abtropft und Fettbrand entsteht.

FORELLENFILET MIT SCAMPI-SPINAT

ZUTATEN

4 Forellefilets à 100–120 g
2 EL Basilikumpesto
200 g Scampi (Sortierung 8-12)
100 ml Olivenöl
100 g Cherrytomaten, halbiert
1 Zucchini, entkernt und in Stifte geschnitten
100 g Minispinat
50 g Sojasprossen
Salz und Pfeffer aus der Mühle
Prise frischer Chili

4 Holzspieße

ZUBEREITUNG

- Forellenfilets mit Pesto bestreichen, zusammenrollen und mit gewässerten Holzspießen fixieren.
- Eine Porzellanform auf den heißen Griller stellen.
- Etwas Olivenöl hineingeben und die geputzten Scampi kurz rösten.
- Die halbierten Tomaten und die Zucchinistifte dazugeben und weiter mitrösten.
- Die Forellenröllchen daraufsetzen und salzen und pfeffern.
- Zugedeckt ca. 10 Minuten grillen.
- Den Griller öffnen. Minispinat und Sprossen daruntermischen und abschmecken.
- In heißen Porzellantellern servieren.

GRILLMETHODE: indirekt in Porzellanform
GRILLZEIT: insgesamt ca. 14 Minuten, inkl. Anrösten, bei 200 °C
TIPP: Vermeiden Sie es, die Porzellanform auf eine kalte Fläche zu stellen, sie könnte zerspringen. Ich verwende in diesem Fall gerne Untersetzer aus Kork.

GARNELENSPIESS

ZUTATEN

16 Garnelen (Sortierung 8-12)
1 Babyananas
1 roter Paprika
Salz und Pfeffer aus der Mühle
1 Limette
4 EL Olivenöl

4 Metallspieße

ZUBEREITUNG

- Garnelen von der Schale befreien.
- Babyananas vierteln, Strunk entfernen, Paprika vierteln, Kerne entfernen und weiße Teile mit einem Messer wegschneiden.
- Paprika und Ananas in daumengroße Stücke schneiden.
- Die Garnelen abwechselnd mit Paprika- und Ananasstücken auf die Spieße stecken. Die fertigen Spieße salzen und auf dem heißen Grillrost pro Seite bei großer Hitze ca. 1 Minute angrillen.
- Danach auf den Warmhalterost legen.
- Pfeffern, mit etwas Olivenöl bestreichen und ein paar Minuten heiß rasten lassen.

GRILLMETHODE: direkt/indirekt
GRILLZEIT: ca. 8 Minuten
TIPP: Die Garnelen können leicht glasig sein.

WOLFSBARSCH IM GANZEN GEGRILLT

ZUTATEN

2 Wolfsbarsche à ca. 600–800 g
Salz und Pfeffer aus der Mühle
2 Zitronen, in feine Scheiben geschnitten
8 Thymianzweige
2 rohe Kartoffeln

2 Holzspieße

ZUBEREITUNG

- Den Wolfsbarsch waschen, den Bauch ausputzen und mit Wasser ausspülen.
- Im Bauch salzen und pfeffern und Thymianzweige hineingeben.
- Die Zitronenscheiben dachziegelförmig einschlichten.
- Die Kartoffeln halbieren, die Holzspieße jeweils in zwei Teile brechen und die Kartoffeln damit aufspießen.
- Die Kartoffelspieße in die Bauchhöhle hineinstecken und den Fisch aufstellen. Die Kartoffelhälften befinden sich im Bauchraum des Fisches und die Spieße dienen als Füße, auf denen der Fisch ruht.
- Den Griller aufheizen und reinigen.
- Den Wolfsbarsch auf den heißen Rost stellen und bei 180 °C ca. 25–30 Minuten grillen.

GRILLMETHODE: direkt
GRILLZEIT: 25–30 Minuten bei 180 °C
TIPP: Wir grillen den Fisch stehend, so kann die Haut nicht ankleben.
Wenn der Fisch fangfrisch ist, kann beim Stehendgrillen zwar die Haut abplatzen, ansonsten ist diese Grilltechnik aber eine vorzügliche Sache. Die Kartoffeln dienen als kleiner Hitzeschild und halten den Fisch auf dem Grill gerade.

THUNFISCHBURGER

ZUTATEN

8 Scheiben Brioche
4 Stück Thunfisch à 180–200 g, ca. 1–2 cm dick
2 EL Sesamöl
2 Avocados
50 ml Olivenöl
Saft von 1 Orange
1 Msp. Cayennepfeffer
Salz, Pfeffer
Zitronensaft
4 EL weißer und schwarzer Sesam, geröstet
Vogerlsalat zum Garnieren

Holzspieße

ZUBEREITUNG

- Griller aufheizen.
- Avocados schälen und in Würfel schneiden.
- Olivenöl, Orangensaft, Spritzer Zitronensaft, Salz, Pfeffer und Cayennepfeffer mischen und über die Avocadowürfel gießen.
- Die Thunfischscheiben salzen und mit wenig Sesamöl einstreichen.
- Brioche und Thunfisch beiderseits kurz sehr heiß angrillen.
- Den Thunfisch mit geröstetem Sesam am Rand rundum bestreuen.
- Briochescheibe mit mariniertem Salat belegen, Thunfisch daraufsetzen, marinierte Avocadowürfel darüber verteilen, mit Brioche abschließen und mit Holzspieß fixieren.

GRILLMETHODE: kurz und heiß direkt
GRILLZEIT: 1–2 Minuten, je nach Stärke, bei ca. 220 °C
TIPP: Der Thunfisch sollte innen noch roh sein; will man keinen rohen Thunfisch, kann man Dosenthunfisch verwenden und ein gegrilltes Thunfischsandwich zubereiten.

THUNFISCH AM STIEL

ZUTATEN

4 Stück Thunfisch à ca. 120 g
100 g Grammeln
Salz und Pfeffer aus der Mühle
4 EL Sesamöl
2 EL Sesam, geröstet
50 g Petersilie, gehackt
100 g Jungzwiebeln, fein geschnitten

4 gewässerte Holzspieße

ZUBEREITUNG

- Thunfisch salzen, auf gewässertem Holzspieß aufstecken und mit Sesamöl rundum einpinseln.
- Grammeln hacken und in einer Pfanne anrösten.
- Jungzwiebeln dazugeben und kurz mitrösten.
- Pfeffer, gerösteten Sesam und Petersilie dazumischen.
- Vorgeheizten Griller säubern.
- Den Thunfisch am Stiel rundum rasch auf jeder Seite angrillen, kurz auf den Warmhalterost legen, mit der Grammelmischung bestreuen und kurz ziehen lassen.
- Mit etwas Sesamöl beträufeln und servieren.

GRILLMETHODE: scharf direkt rundum, aber nur kurz
GRILLZEIT: ca. 2 Minuten bei ca. 200 °C, dann kurz rasten lassen
TIPP: Zum Thunfisch passen sehr gut Couscous oder Kräuterreis.

THUNFISCHSTEAK MIT BUNTEM COLESLAW

ZUTATEN

4 Thunfischsteaks à ca. 180–200 g, ca. 1–2 cm dick
1 kleines Weißkrauthäuptel
200 g Karottenstreifen
2 Jungzwiebeln, in feine Streifen geschnitten
100 ml Olivenöl
100 ml Orangensaft
Saft von 1 Limette
1 EL Ingwer, fein gerieben
1 EL Cayennepfeffer
2 EL Honig
Salz
Sesamöl
Schnittlauch, Kresse zum Garnieren

ZUBEREITUNG

- Das Kraut fein schneiden und mit Olivenöl und Salz abkneten.
- Karotten und Jungzwiebeln dazumischen.
- Orangen- und Limettensaft dazugeben.
- Mit Ingwer, Cayennepfeffer und Honig würzen.
- Ca. 20 Minuten rasten lassen.
- Den Griller aufheizen und säubern.
- Thunfischsteaks scharf angrillen, ca. 1 Minute pro Seite.
- Salzen und mit Sesamöl bestreichen und kurz rasten lassen.
- Mit Salat anrichten und mit Schnittlauch und Kresse garnieren.

GRILLMETHODE: direkt/indirekt
GRILLZEIT: ca. 2 Minuten angrillen und ca. 4 Minuten rasten lassen
TIPP: Zum Coleslaw kann man auch Sauerrahm dazumischen.

LACHSSTEAK MIT BUCHENPILZEN

ZUTATEN

4 Lachssteaks à ca. 200 g, mit Haut, geschuppt
200 g braune und weiße Buchenpilze
Salz und Pfeffer aus der Mühle
Prise brauner Zucker
10 frische Thymianzweige
2 Orangen, in Filets geschnitten
100 g Lauch, in feine Streifen geschnitten
100 ml Olivenöl
Kapuzinerkresse zum Garnieren
2 EL Butterschmalz

ZUBEREITUNG

- Eine Grillplatte auf den Griller setzen und mit Butterschmalz bestreichen.
- Die Lachssteaks salzen, pfeffern, mit Olivenöl einreiben und mit der Hautseite auf die Grillplatte setzen.
- Die geputzten Buchenpilze darauf verteilt auflegen.
- Den Deckel schließen und alles 5 Minuten direkt grillen.
- Den Griller öffnen, den Lauch auf den Steaks verteilen, salzen, pfeffern und eine Prise Zucker darüberstreuen, die Thymianzweige und Orangenfilets darauf verteilen und weitere 4–5 Minuten bei geschlossenem Deckel grillen.
- Den Deckel öffnen, die Steaks mit Olivenöl beträufeln, mit Kapuzinerkresse garnieren und auf der Grillplatte servieren.

GRILLMETHODE: direkt auf der Grillplatte
GRILLZEIT: ca. 10 Minuten bei ca. 200 °C
TIPP: Wenn Sie das Lachssteak direkt auf der Hautseite grillen und nicht wenden, dann bleibt das Filet saftig und auf der Oberseite glasig.

JAKOBSMUSCHELN MIT APFEL-BASILIKUM-GEMÜSE

ZUTATEN

16 Jakobsmuscheln, frisch oder tiefgekühlt
Salz und Pfeffer aus der Mühle
2 säuerliche Äpfel, geschält und in kleine Würfel geschnitten
100 ml naturtrüber Apfelsaft
100 g Schalotten, fein gehackt
12 Basilikumblätter, fein streifig geschnitten
Saft von 1 Limette
1 Prise brauner Zucker
1 Schuss Calvados
1 Chili, fein geschnitten
Basilikumblätter zum Garnieren

ZUBEREITUNG

- Für das GEMÜSE die Schalotten mit dem braunen Zucker karamellisieren, die Apfelwürfel daruntermischen und mit Calvados ablöschen. Mit Limetten- und Apfelsaft kurz aufkochen, mit Chili abschmecken und die in Streifen geschnittenen Basilikumblätter untermengen. Kurz an die Seite stellen.
- Die Jakobsmuscheln trocken tupfen, salzen und auf dem gesäuberten Grill auf beiden Seiten sehr heiß angrillen.
- Die Jakobsmuscheln auf das fertige Gemüse setzen, mit Pfeffer bestreuen und mit den Basilikumblättern garnieren.

GRILLMETHODE: direkt
GRILLZEIT: ca. 3 Minuten bei 200 °C
TIPP: Das Apfel-Basilikum-Gemüse kann man sehr gut im Dutch Oven oder in einer gusseisernen Pfanne auf dem Grill zubereiten.

JAKOBSMUSCHEL, TOMATEN & BAGUETTE

ZUTATEN

8 Jakobsmuscheln
8 Scheiben Baguette
100 ml Tomatensauce
1 Knoblauchzehe, gepresst
Salz und Pfeffer aus der Mühle
Cayennepfeffer
4 EL Olivenöl
Zitronensaft

FÜR DIE GRATINIERMASSE

100 ml Crème fraîche
2 Eidotter
Muskatnuss
Kräuter der Provence
1 EL Semmelbrösel

ZUBEREITUNG

■ Den Griller vorbereiten und den Pizzastein auflegen.
■ Die Zutaten für die Gratiniermasse zusammenmischen.
■ Die Muscheln salzen, pfeffern und mit Olivenöl sowie Zitronensaft beträufeln.
■ Die Tomatensauce mit Cayennepfeffer und Knoblauch abschmecken.
■ Die Baguette-Scheiben auf den heißen Pizzastein legen, mit Tomatensauce bestreichen, die Muscheln daraufsetzen, mit der Gratiniermasse begießen und im geschlossenen Griller bei 240 °C übergrillen.

GRILLMETHODE: direkt auf dem Pizzastein
GRILLZEIT: 8–10 Minuten bei 240 °C
TIPP: Wenn man die Möglichkeit hat, die Jakobsmuscheln in der Schale zu bekommen, kann man sie direkt in der Schale, ohne Pizzastein zubereiten.

BUNTER OKTOPUS

ZUTATEN

1 kg Oktopus, vorgekocht
12 schwarze Oliven
2 Jungzwiebeln, in nicht zu feine Ringe geschnitten
1 gelber Paprika, in kleine Streifen geschnitten
3 Knoblauchzehen, fein gehackt
20 kleine Tomaten, halbiert
2 Rosmarinzweige, gezupft
100 ml Olivenöl
Saft von 1 Limette
Salz und Pfeffer aus der Mühle

ZUBEREITUNG

- Den vorgekochten Oktopus mit einem Messer zerteilen.
- Den Griller aufheizen und eine Gusseisenpfanne aufstellen.
- Etwas Öl in die Pfanne geben und den zerteilten Oktopus auf allen Seiten anbraten.
- Oliven, Knoblauch sowie Paprika kurz mitrösten, dann Jungzwiebeln hineingeben und alles kurz vermengen. Tomaten darauf verteilen und würzen.
- Mit Olivenöl und Limettensaft beträufeln und zugedeckt ca. 12 Minuten grillen.
- Mit Rosmarinzweigen belegen, mit Salz und Pfeffer aus der Mühle würzen und in der Pfanne servieren.

GRILLMETHODE: direkt in der Gusseisenpfanne
GRILLZEIT: 16–18 Minuten bei ca. 180 °C
TIPP: Man kann den Oktopus auch in Gemüsefond mit etwas Rotwein bei kleiner Flamme langsam weich kochen, ca. 1–2 Stunden, je nach Größe.

STEAKS, RIPPERL & CO

T-BONE-STEAK

ZUTATEN

1 richtiges T-Bone-Steak vom Metzger Ihres Vertrauens, mindestens 4–6 cm dick
Salz und Pfeffer aus der Mühle
Butter
frische Kräuter

ZUBEREITUNG

- Butter leicht schmelzen, Kräuter grob hacken und vermischen.
- Den heißen Griller säubern.
- Das Steak salzen und ziehen lassen.
- Angrillen, pro Zentimeter Fleischstärke 1 Minute pro Seite (bei meinem Steak sind das 4 Minuten für die Ober- und 4 Minuten für die Unterseite).
- Das Steak auf den Knochen stellen und mit einem Pinsel auf beiden Seiten mit der Buttermischung einpinseln. Ca. 15 Minuten stehend indirekt grillen.

GRILLMETHODE: direkt/indirekt
GRILLZEIT: ca. 23 Minuten
TIPP: Sollte der Deckel sich nicht schließen lassen, kann das Steak auch liegend auf dem Warmhalterost indirekt fertig gegrillt werden. In diesem Fall sollte man aber ein Hitzeschild unterlegen und das Steak dabei in der Rastphase einmal wenden, sodass der Garpunkt von 56 °C nicht überschritten wird.

FILETSPITZEN

ZUTATEN

800 g Filetspitzen (Rindslungenbratenspitzen oder Rindslungenbratenkopf)
2 rote Zwiebeln
grobes Meersalz, Pfeffer aus der Mühle
4 Rosmarinzweige
100 g flüssige Butter
24 kleine Kartoffeln, vorgekocht, mit Schale
12 Speckscheiben, der Länge nach halbiert

4 Metallspieße

ZUBEREITUNG

- Rindslungenbratenspitzen in kleine Medaillons schneiden und mit Salz aus der Mühle würzen.
- Rote Zwiebeln halbieren, in Spalten schneiden und auseinanderdrücken.
- Medaillons abwechselnd mit Zwiebelstücken auf Metallspieße stecken.
- Kartoffeln jeweils mit einer halbierten Speckscheibe umwickeln.
- Die Spieße auf dem Grillrost kurz angrillen und auf den Warmhalterost stecken. Eine gusseiserne Pfanne unterstellen, die Speckkartoffeln einlegen und die Rosmarinzweige dazugeben.
- Die Spieße mit flüssiger Butter bestreichen, mit Pfeffer aus der Mühle würzen und bei geschlossenem Deckel ca. 12 Minuten grillen.

GRILLMETHODE: direkt angrillen und indirekt auf der Brücke fertig grillen
GRILLZEIT: ca. 14 Minuten bei ca. 200 °C
TIPP: Die Butter tropft auf die Kartoffeln, diese am Schluss mit Salz leicht würzen und mit den Spießen servieren.

RINDERSTEAK MIT SPARGEL-TOMATEN-GEMÜSE

ZUTATEN

4 Rinderfilets (von einer österreichischen Kalbin)
Salz und Pfeffer aus der Mühle
4 Rosmarinzweigerl
4 kleine Stück Butter

FÜR DAS SPARGEL-TOMATEN-GEMÜSE

2 Bund Spargel, geschält
500 g Minitomaten
200 ml Apfelsaft
Prise brauner Zucker
50 ml Olivenöl
Salz und Pfeffer aus der Mühle

ZUBEREITUNG

- Den Griller aufheizen, Grillrost säubern, eine kleine Gusseisenpfanne auf eine Seite stellen.
- Rinderfilets temperieren, salzen und pro Zentimeter Fleischstärke bei hoher Hitze je 1 Minute auf der Ober- und Unterseite scharf angrillen. (Bei meinen Steaks sind es 3 Minuten oben und 3 Minuten unten.)
- Steaks auf den Warmhalterost legen, mit Pfeffer aus der Mühle würzen und mit Rosmarinzweigerln sowie Butter belegen; ca. 10 Minuten heiß rasten lassen, das Steak ist dann medium (Kerntemperatur: 56 °C). Möchten Sie das Steak englisch/rare haben, dürfen Sie es nur 5 Minuten rasten lassen (Kerntemperatur: 42–48 °C).
- Für das SPARGEL-TOMATEN-GEMÜSE den Spargel schälen und in Apfelsaft einlegen, abtropfen lassen.
- Scharf angrillen, anschließend indirekt legen.
- Man kann den Spargel auch in eine heiße Gusspfanne geben.
- Olivenöl, braunen Zucker, Salz und Pfeffer vermischen.
- Tomaten dazugeben, alles zusammen mit der Ölmischung bestreichen und ca. 8–10 Minuten indirekt grillen

GRILLMETHODE: direkt und indirekt
GRILLZEIT (STEAK): ca. 11–16 Minuten, je nach Art des Garpunktes, bei 220 °C
TIPP: Legen Sie den Spargel bereits am Vortag in Apfelsaft ein, er ist dann nicht mehr so bitter und bekommt eine schönere Grillmarkierung.

ROASTBEEF

ZUTATEN

1 kg Roastbeef, zugeputzt
Salz und Pfeffer aus der Mühle

FÜR DIE GLASUR

1 kleine Ingwerknolle, geschält und gerieben
200 ml Marillenmarmelade
250 ml dunkles Bier
2 EL Senf
1 Msp. Chilipulver
2 Knoblauchzehen, fein gehackt

ZUBEREITUNG

- Griller auf 160 °C vorheizen. In der Zwischenzeit das Roastbeef mit Salz und Pfeffer würzen.
- Das Roastbeef in einen Bratenkorb legen und indirekt am Griller bis zu einer Kerntemperatur von 48 °C grillen.
- Für die GLASUR alle Zutaten in einen Topf geben und stark einkochen.
- Das Roastbeef mit der Glasur einstreichen und auf 56 °C Kerntemperatur fertig grillen.
- Den Griller ausschalten, den Deckel öffnen und das Roastbeef 10 Minuten rasten lassen.

GRILLMETHODE: indirekt
GRILLZEIT: 45–50 Minuten
TIPP: Am besten servieren Sie das Roastbeef mit Spitzkohl und der restlichen Glasur.

DUROC-KOTELETT MIT SCHOKOLADE & CHILI

ZUTATEN

4 Duroc-Koteletts à ca. 200–250 g
4 EL Akazienhonig
1 EL schwarzer Pfeffer, ganz
1 TL Korianderkörner
100 g geriebene Edelbitterschokolade
2 EL grobes Meersalz
1 EL Kakaopulver
getrocknete Chiliflocken nach Belieben

ZUBEREITUNG

- Den Koriander und Pfeffer in einer Pfanne kurz rösten und anschließend mörsern.
- Den Akazienhonig leicht erwärmen und dünn auf den Koteletts verteilen. Diese mit den gemörserten Gewürzen und dem Meersalz auf beiden Seiten würzen.
- Die geriebene Schokolade mit dem Kakaopulver vermischen und je nach Geschmack getrocknete Chiliflocken untermengen.
- Die Koteletts indirekt auf den Warmhalterost legen, die Schokomischung darauf verteilen, sodass die Koteletts bedeckt sind, und bei 160 °C ca. 20–25 Minuten indirekt grillen.

GRILLMETHODE: indirekt
GRILLZEIT: ca. 20–25 Minuten bei 160 °C
TIPP: Als Variante für Experimentierfreudige können Sie Orangenzesten und fein geschnittenen Rosmarin oder Thymian in die Schokomasse mischen.

RIBS ST. LOUIS CUT

ZUTATEN

2 Stück Bauchrippen St. Louis Cut (oder Babyback-Rippchen)
1 l Ananassaft
grobes Meersalz
4 EL Old Spice Rub (siehe Seite 15)
50 ml Olivenöl
100 ml Whiskey
100 ml Sojasauce
100 ml flüssige Butter

ZUBEREITUNG

- Die Silberhaut von den Rippchen herunterziehen.
- In ein höheres Gefäß legen, mit Ananassaft übergießen und 24 Stunden kalt stellen. Ananassaft enthält mit Papain einen natürlichen Weichmacher.
- Nach dem Marinieren die Rippchen herausnehmen, trocken tupfen und leicht salzen.

Den Griller auf 110–130 °C aufheizen.

- Den Hitzeschild (als Zubehör erhältlich) auf den Grillrost legen, den Warmhalterost darübergeben und die Rippchen zugedeckt ca. 1 Stunde grillen.
- In der Zwischenzeit den übrig gebliebenen Ananassaft abseihen und bis zur Hälfte einkochen. Dann mit dem Olivenöl und dem Rub vermischen und anschließend die Rippchen dünn damit einstreichen. Eine weitere Stunde grillen und immer wieder mit der Marinade bestreichen.
- Sojasauce, Whiskey und Butter miteinander vermischen.
- In der dritten Stunde die Rippchen öfters mit der Whiskey-Marinade einstreichen, in den letzten 15 Minuten keine Marinade mehr auf die Rippchen geben. Durch diese Vorgehensweise bekommen die Rippchen den schönen Glanz und die leicht klebrige Konsistenz.

GRILLMETHODE: indirekt auf dem Warmhalterost
GRILLZEIT: ca. 3 Stunden bei 110–130 °C
TIPPS: Man kann auch einen Rippchenhalter verwenden, da durch den Hitzeschild kein Fettbrand entstehen kann. Gleichzeitig entwickelt sich durch die auf den Hitzeschild abtropfende Marinade ein Raucharoma, das zusätzlich für eine besondere Geschmacksnote sorgt.
Am besten mit BBQ-Kartoffeln und einem Dip servieren.

GEGRILLTES KOTELETT VOM DUROC-SCHWEIN

ZUTATEN

4 Duroc-Koteletts
Salz aus der Mühle
Tasmanischer Pfeffer
Abrieb von 1 Limette
Olivenöl

FÜR DIE TOMATEN AUF DEM ZEDERNBRETT

4 Tomaten, in dicke Scheiben geschnitten
Salz und Pfeffer aus der Mühle
10 Basilikumblätter, fein geschnitten
100 g geriebener Büffelmozzarella
4 EL Basilikumpesto

Zedernholzbrett, mindestens 1 Stunde gewässert

ZUBEREITUNG

- Das Zedernholzbrett mit den Tomaten belegen, mit Salz und Pfeffer würzen und mit dem Mozzarella bestreuen.
- Die Koteletts salzen.
- Den heißen Griller säubern und die Koteletts bei starker Hitze von beiden Seiten angrillen, um eine schöne Grillmarkierung zu bekommen. Nach der halben Angrillzeit die Koteletts um 90 Grad drehen.
- Die Koteletts auf den Warmhalterost legen und mit dem Tasmanischen Pfeffer, Limettenabrieb und Olivenöl marinieren.
- Das Zedernholzbrett mit den Tomaten auf den Grill setzen und zugedeckt ca. 12 Minuten grillen.
- Danach das Brett aus dem Grill nehmen und die Tomaten mit den Basilikumblättern und dem Pesto garnieren.

GRILLMETHODE: direkt/indirekt
GRILLZEIT: 18–20 Minuten bei ca. 200 °C
TIPP: Pro Zentimeter Fleischstärke 1 Minute auf jeder Seite angrillen.

DUROC-KEBAB

ZUTATEN

600 g Duroc-Schweinsschopf
100 ml Olivenöl
3 EL Dijonsenf
Salz und Pfeffer aus der Mühle
4 EL Old Spice Rub
(siehe Seite 15)

Metallspieße

ZUBEREITUNG

- Schopfbraten vierteln, dann in daumenstarke Scheiben schneiden.
- Auf ein Blech auflegen, salzen, pfeffern, mit Dijonsenf einreiben und mit dem Rub auf beiden Seiten bestreuen.
- Leicht festdrücken und ca. 30 Minuten ziehen lassen.
- Die Scheiben auf die Spieße aufstecken.
- Ich verwende die Rotisserie von Weber und grille die Spieße dann indirekt über einer Alutasse, deren Boden mit Wasser bedeckt ist. Dort kann der Saft hineintropfen, ohne den Griller zu verunreinigen. Gleichzeitig kommt so auch etwas Feuchtigkeit in den Garraum.

GRILLMETHODE: indirekt am Drehspieß über Alutasse
GRILLZEIT: ca. 50 Minuten bei 170 °C
TIPP: Überpinseln Sie den Kebab während des Grillens zwei- bis dreimal mit Apfelsaft und BBQ-Sauce.

HEISSE SPIESSE

ZUTATEN

12 Scheiben Schweinebauch, ca. 1/2 cm dick
grobes Meersalz

12 gewässerte Holzspieße

1. MARINADE

100 ml Olivenöl
4 EL geröstete Kürbiskerne
Pfeffer aus der Mühle
2 EL fein geriebener Kren

2. MARINADE

100 ml Olivenöl
2 EL Currypulver
1 EL Paprikapulver
4 EL Schnittlauch, fein geschnitten
Pfeffer aus der Mühle

3. MARINADE

100 ml Olivenöl
2 EL Honig
Abrieb von 1 Limette
Pfeffer aus der Mühle

ZUBEREITUNG

- Für die MARINADEN jeweils die Zutaten vermischen.
- Die Schweinebauchscheiben salzen, immer eine Scheibe auf die gewässerten Spieße spiralförmig aufdrehen.
- Griller auf 220 °C aufheizen.
- Die Spieße heiß grillen. Dabei zweimal wenden, kurz ziehen lassen und abwechselnd mit den Marinaden einpinseln.

GRILLMETHODE: direkt und heiß rasten lassen
GRILLZEIT: ca. 12 Minuten inklusive Rastzeit bei 220 °C
TIPP: Mit Dipsauce, BBQ-Kartoffeln oder Bratkartoffeln servieren.

MARSALASPIESS MIT OSMANISCHEM KRAUTSALAT

ZUTATEN

FÜR DIE SPIESSE

400 g Duroc-Schopf, in Würfel geschnitten
80 ml Marsala
Saft von 1 Zitrone
1 EL brauner Zucker
1 EL Meersalz
Prise Cayennepfeffer
50 ml Olivenöl

FÜR DEN KRAUTSALAT

1 Krautkopf, halbiert, ohne Strunk, in feine Streifen geschnitten
2 EL Meersalz
1 Mokkalöffel Kümmel, etwas Chiliflocken
Saft von 2 Limetten
2 EL Akazienhonig
100 ml Olivenöl
gehackte Petersilie
Kerne von 1 Granatapfel
1 Prise Paprikapulver edelsüß
100 ml griechisches Joghurt zum Garnieren

4 Holzspieße

ZUBEREITUNG

- Für die Spieße alle Zutaten außer dem Fleisch zu einer Marinade zusammenmischen und die Fleischstücke darin 8 Stunden marinieren lassen.
- Das Kraut mit Salz, Kümmel, Chili, Limettensaft, Honig, Olivenöl, Petersilie und dem Paprikapulver vermischen.
- Das Fleisch auf die Spieße stecken und bei indirekter Hitze bei 180 °C 18 Minuten grillen.
- Den Salat auf einem Teller anrichten, mit Granatäpfelkernen und Joghurt garnieren und dazu Fladenbrot (siehe Rezept Seite 75) servieren.

GRILLMETHODE: indirekt
GRILLZEIT: 18 Minuten bei 180 °C
TIPP: Die Spieße können bereits am Vorabend vorbereitet werden.

FASCHIERTER BRATEN MIT MOZZARELLA GEFÜLLT

ZUTATEN

1 kg gemischtes Faschiertes
200 g fein gehackte Zwiebeln
8 Scheiben Mozzarella
1 EL Senf
100 ml flüssige Butter
Salz und Pfeffer aus der Mühle
1 EL fein gehacktes Basilikum
24 dünne Speckscheiben
2 EL BBQ-Sauce

ZUBEREITUNG

■ Das Faschierte mit Zwiebeln, Butter, Senf, Basilikum gut vermischen, salzen und pfeffern.
■ Die Masse in zwei Hälften teilen und leicht flachdrücken, mit Mozzarella-Scheiben belegen und zu zwei kleinen Striezeln zusammenrollen.
■ Je 12 Speckscheiben auflegen, die Striezel mit BBQ-Sauce bestreichen und in Speck einrollen.
■ Die faschierten Braten auf ein Zedernholzbrett legen, das vorher in Wasser eingeweicht wurde.
■ Den heißen Griller öffnen und das Zedernholzbrett mit den faschierten Braten drauflegen. Bei voller Hitze ein paar Minuten angrillen, bis das Brett knistert, und dann indirekt auf dem Brett fertig grillen.

GRILLMETHODE: direkt auf dem Zedernholzbrett angrillen, indirekt fertig grillen
GRILLZEIT: ca. 30 Minuten bei 200 °C
TIPP: Mit Blattsalaten anrichten und knuspriges Weißbrot dazu servieren.

GEGRILLTE KALBSLEBER MIT CHILI & ANANAS

ZUTATEN

8 Stück Kalbsleber à ca. 80–100 g
1 Ananas, ohne Kerngehäuse, in dünne Scheiben geschnitten
3 Chilis, klein geschnitten
10 Salbeiblätter
100 ml Olivenöl
Salz und Pfeffer aus der Mühle
2 EL Mehl zum Mehlieren

8 gewässerte Holzspieße

ZUBEREITUNG

- Die Ananasscheiben auf dem heißen Grill kurz angrillen, damit das Zuckerkaramell austritt, und anschließend auf den Warmhalterost legen.
- Die Lebern mehlieren, mit den Holzspießen aufspießen und ebenfalls auf beiden Seiten heiß angrillen.
- Auf die Ananasscheiben legen, mit Salz, Pfeffer und Olivenöl marinieren, mit Salbei sowie geschnittenen Chilis bestreuen und 3 Minuten im geschlossenen Grill rasten lassen.

GRILLMETHODE: direkt/indirekt
GRILLZEIT: 10 Minuten bei 180 °C
TIPP: Die Leber kann man auch vorsalzen, aber das ist „Glaubenssache".

MINI-LAMMBURGER

ZUTATEN

FÜR 8 MINI-BUNS

(oder evtl. fertige kaufen)
300 g glattes Mehl Type 480
1 TL Natron
1 TL Backpulver
2 EL Kristallzucker
1 TL Salz
2 EL Milchpulver
3 EL Schmalz
1/2 Würfel Germ
180 ml lauwarmes Wasser

FÜR DIE LAMMBURGER

500 g Lammfaschiertes
2 Knoblauchzehen, fein gehackt, oder Bärlauch
2 Zwiebeln, fein gehackt
50 ml Olivenöl
50 g Tomaten, in Würfel geschnitten
Salz und Pfeffer aus der Mühle
1 Msp. Kreuzkümmel

FÜR DEN BELAG

50 g Schafkäse
1 Tomate, in dünne Scheiben geschnitten
100 g Rucolasalat, mariniert

Holzspieße zum Anrichten

ZUBEREITUNG

- Für die BUNS Mehl, Natron, Zucker, Salz, Milch- und Backpulver im Rührkessel vermengen, Schmalz dazugeben und auf der ersten Stufe langsam kneten.
- Germ im Wasser auflösen, in die Mehlmischung einrühren und ca. 10 Minuten durchkneten. Anschließend 1/2 Stunde rasten lassen.
- Den Teig in ca. 25 g schwere Stücke teilen, schleifen und weitere 15 Minuten gehen lassen.
- Dann die Teiglinge leicht ausrollen, auf Backpapier auflegen und bei 100 °C bei Kombi-Dampf backen.
- Für die BURGER alle Zutaten gut vermischen und kleine Patties formen.
- Die Patties auf dem heißen, gesäuberten Grill 2 Minuten pro Seite grillen und kurz auf dem Warmhalterost nachziehen lassen.
- In der Zwischenzeit die Brötchen halbieren, angrillen und mit mariniertem Rucolasalat belegen. Die Patties daraufsetzen und mit Tomaten und Schafkäse garnieren.

Deckel daraufgeben und die Burger mit einem Holzspieß fixieren.

GRILLMETHODE: direkt
GRILLZEIT: 6–7 Minuten bei ca. 200 °C
TIPP: Am besten mit BBQ-Kartoffeln servieren.

GEGRILLTES LAMMKARREE MIT GEFÜLLTEN TOMATEN

ZUTATEN

2 Lammkarrees, entfließt
Salz und Pfeffer aus der Mühle
100 ml Olivenöl
frischer Rosmarin, Thymian, Salbei, grob gehackt
2 Knoblauchzehen, fein gehackt

FÜR DIE TOMATEN ZUM FÜLLEN

4 reife Tomaten
2 Scheiben Weißbrot, in kleine Würfel geschnitten
100 g Wurzelgemüse, in kleine Würfel geschnitten
50 g Jungzwiebel, in feine Ringe geschnitten
50 g geriebener Parmesan
8 Basilikumblätter, in Streifen geschnitten
50 ml Olivenöl
Salz und Pfeffer aus der Mühle

ZUBEREITUNG

- Tomaten halbieren und das Kerngehäuse entfernen.
- Das Wurzelgemüse kurz in Olivenöl (bissfest) anrösten, anschließend mit den restlichen Zutaten für die Fülle vermengen und mit Salz und Pfeffer abschmecken.
- Die ausgehöhlten Tomatenhälften mit der Masse füllen.
- Die Lammkarrees salzen und bei starker Hitze (230 °C) angrillen.
- Die Tomaten und die Lammkarrees auf den Warmhalterost setzen.
- Die Lammkarrees pfeffern, Olivenöl, Knoblauch und die Kräuter darauf verteilen und bei indirekter Hitze von 200 °C ca. 15–18 Minuten rasten lassen.

GRILLMETHODE: direkt/indirekt
GRILLZEIT: ca. 25 Minuten
TIPP: Wenn Sie auf Nummer sicher gehen wollen, dann verwenden Sie einen Kerntemperaturfühler. Bei ca. 60 °C Kerntemperatur ist das Lamm gar.

ZUTATEN

4 Lammstelzen (hintere Stelzen)
Salz und Pfeffer aus der Mühle
2 Knoblauchzehen oder Bärlauch, fein gehackt
100 ml Olivenöl
2 Rosmarinzweige, fein gehackt

FÜR DIE GARNITUR

2 Zucchini
250 g Cherrytomaten
2 EL Basilikumpesto
Salz und Pfeffer aus der Mühle
2 Rosmarinzweige

ZUBEREITUNG

■ Die Lammstelzen mit Salz, Pfeffer und Olivenöl gut einreiben und 1 Stunde ziehen lassen. Danach auf dem heißen Grill 1 Stunde indirekt bei 160–180 °C grillen.
■ In der Zwischenzeit die Zucchini der Länge nach halbieren und einsalzen.
■ Wenn die Grillzeit vorbei ist, die Zucchini angrillen und die Cherrytomaten dazulegen. Olivenöl, Knoblauch und Rosmarin vermischen und die Stelzen mit dieser Mischung einstreichen. Den Grill schließen und weitere 15 Minuten garen.
■ Das Gemüse vom Grill nehmen, mit Basilikumpesto vermischen, salzen, pfeffern, abschmecken und zu der Stelze servieren. Mit Rosmarinzweig garnieren.

GRILLMETHODE: Stelze indirekt, Gemüse direkt
GRILLZEIT: ca. 75 Minuten, je nach Größe der Stelzen, bei 160–180 °C
TIPP: Wenn man die Stelze besonders aromatisch haben möchte, kann man beim Knochen warmes Olivenöl einspritzen.

GEGRILLTE LAMMSTELZE

MAISHENDLBRUST MIT CARNUNTUM-ZUCCHINI

ZUTATEN

4 Maishendlbrüste mit Haut
(wenn möglich Flügerl dranlassen)
grobes Meersalz, Pfeffer aus der Mühle
Olivenöl
12 Basilikumblätter

ZUBEREITUNG

▪ Von den Maishendlbrüsten die Haut vorsichtig abziehen und aufheben, die Flügerl zuputzen, damit der Knochen schön blank ist.

▪ Mit Salz, Pfeffer und Olivenöl würzen, gut verreiben, je drei Basilikumblätter auf jede Brust auflegen.

▪ Mit einem scharfen Messer auf der Innenseite das Fett leicht herausschaben, dann die Haut über das marinierte Bruststück spannen und abgedeckt ca. 1 Stunde im Kühlschrank marinieren lassen.

▪ Den Elektrogrill auf ca. 200 °C vorheizen, putzen, einölen, die Maishendlbrüste mit der Hautseite auf den Rost legen. Je nach Stärke ca. 2–3 Minuten grillen, dann umdrehen und zugedeckt ca. 8 Minuten fertig grillen.

GRILLMETHODE: direkt/indirekt
GRILLZEIT: ca. 10–11 Minuten bei ca. 200 °C

FÜR DIE GEFÜLLTEN ZUCCHINI

2 Zucchini, halbiert und entkernt
100 g Butter
2 Scheiben Toastbrot in Würfel, trocken geröstet
100 ml Rapsöl
100 g Zwiebeln, fein gehackt
10 Oliven, grün und schwarz, ohne Kerne, gewürfelt
2 Tomaten, geschält (blanchiert), entkernt und in kleine Würfel geschnitten
1 gelber Paprika, in kleine Würfel geschnitten
Schnittlauch, Kresse zum Garnieren

ZUBEREITUNG

▪ Öl und Butter in eine heiße gusseiserne Pfanne geben, die Zwiebeln kurz rösten, Paprika und Oliven dazumischen und mit Salz und Pfeffer abschmecken. Vom Grill nehmen und zum Schluss die Tomaten sowie das Toastbrot untermengen.

▪ Die Masse in die vorbereiteten Zucchini einfüllen und bei 200 °C 8–10 Minuten indirekt grillen.

▪ Die Zucchini mit Schnittlauch und Kresse garnieren.

GRILLMETHODE: indirekt
GRILLZEIT: 8–10 Minuten bei 200 °C
TIPP: Die Zucchini beim Rasten am besten auf den Gusseisenrost zu den Hendlbrüsten legen.

HENDLHAXEN ASIATISCH

ZUTATEN

4 Hendlhaxen
50 g frisch geschälter Ingwer
100 g Jungzwiebeln
50 g frischer Koriander
50 ml helle Sojasauce
50 ml Sesamöl
25 ml Sambal Manis
1 kleine Chilischote, fein geschnitten
Rote-Bete-Sprossen zum Garnieren

ZUBEREITUNG

- Die Hendlhaxen salzen.
- Den heißen Griller säubern und mit Zwiebelöl abreiben.
- Die 4 Hendlhaxen bei 180 °C ca. 40 Minuten bei indirekter Hitze grillen.
- In der Zwischenzeit Ingwer und Jungzwiebeln fein würfeln, den Koriander grob hacken.
- Sojasauce, Sesamöl und Sambal Manis verrühren, die fein gehackte Chilischote dazugeben und mit dem Gemüse abmischen.
- Die Hendlhaxen jetzt kurz (ca. 2 Minuten) direkt grillen, damit die Haut knusprig wird.
- Die Hendlhaxen heiß servieren, mit der asiatischen Marinade übergießen und mit den Rote-Bete-Sprossen garnieren.

GRILLMETHODE: indirekt/direkt
GRILLZEIT: ca. 42 Minuten bei 180 °C
TIPP: Bei dieser Art des Grillens kann das Fett sehr gut austreten, die Haut erhält erst zum Schluss ihre knusprige Konsistenz.

MAISHENDL-SPIESS

ZUTATEN

4 Maishendlbrüste ohne Haut
200 ml Kokosmilch
Salz und Pfeffer aus der Mühle
1 TL brauner Zucker
1 TL Cayennepfeffer
50 ml Olivenöl
2 weiße Zwiebeln
je 1 roter und gelber Paprika

4 Metallspieße

ZUBEREITUNG

- Die Hendlbrüste in gleich große Stücke schneiden.
- Die Kokosmilch mit Salz, Pfeffer, Zucker sowie Cayennepfeffer vermischen und die Hendlbrüste darin 2–3 Stunden marinieren.
- Die Zwiebeln achteln und die Stücke auseinanderdrücken.
- Die Paprika in größere Würfel schneiden.
- Abwechselnd ein mariniertes Hendlstück und ein Stück Paprika und Zwiebel auf Metallspieße stecken. (Die Spieße lege ich dann auf ein Spieß-Rack, das ich auf den Rost stelle.)
- Die Spieße mit etwas Olivenöl bestreichen, den Deckel schließen und die Spieße bei 200 °C ca. 15 Minuten grillen. Dabei die Spieße ein- bis zweimal wenden und mit Olivenöl bestreichen.

GRILLMETHODE: direkt auf dem Spieß-Rack
GRILLZEIT: ca. 15 Minuten bei 200 °C
TIPP: Mariniert man das Hühnerfleisch am Vorabend, nimmt es die Marinade noch besser auf.

BBQ-HENDL VOM DREHSPIESS

ZUTATEN

1 küchenfertiges Hendl (ca. 1,2 kg)
50 ml Milch
„Beer Can Chicken"-Gewürz
Salz und Pfeffer aus der Mühle

ZUBEREITUNG

- Das Innere des Hendls mit Salz und Pfeffer, die Außenseite mit der Milch und dem Gewürz gut einreiben.
- Den Grill auf 180 °C aufheizen, das Hendl auf dem Spieß fixieren und anschließend auf den Grill setzen.
- Unter das Grillgut eine Aluschale mit etwas Flüssigkeit stellen.
- Nach ca. 55 Minuten ist das saftige Hendl fertig.

GRILLMETHODE: direkt
GRILLZEIT: ca. 55 Minuten bei 180 °C
TIPP: Wenn man die Hendlhaxen locker vom Hendl ziehen kann, ist es gar.

ZITRONEN-HENDL

ZUTATEN

4 Hendlbrüste ohne Haut
4 Zwiebeln, in feine Streifen geschnitten
4 Zitronen
100 ml Olivenöl
2 Lorbeerblätter
Salz und Pfeffer aus der Mühle
100 ml Weißwein

feuerfeste Form

ZUBEREITUNG

- Die Form mit Olivenöl ausstreichen und die Hälfte der Zwiebelstreifen darin verteilen.
- Die Hendlbrüste salzen, pfeffern und nebeneinander auf die Zwiebeln legen.
- Je ein halbes Lorbeerblatt auf die Hendlbrüste geben.
- Mit den restlichen Zwiebeln bedecken.
- Die Zitronen in dünne Scheiben schneiden und (dachziegelförmig) auf die Zwiebeln legen.
- Das restliche Olivenöl daraufgeben und mit etwas Weißwein beträufeln.
- Mit befeuchtetem Backpapier abdecken und mit Alufolie zudecken.
- Auf dem heißen Griller indirekt aufstellen und bei 180 °C ca. 30 Minuten grillen.
- Danach die Folie weggeben, die Zitronenscheiben rausnehmen und servieren.

GRILLMETHODE: indirekt
GRILLZEIT: ca. 30 Minuten bei 180 °C
TIPP: Das Maishendl kann auf diese Art und Weise aber auch sehr gut im Dutch Oven zubereitet werden, manchmal werden auch nur Hendlhaxerln verwendet.

weber

GEGRILLTE HÜHNERLEBER MIT FENCHEL & ORANGEN

ZUTATEN

FÜR DEN KARTOFFELBODEN

500 g gekochte Kartoffeln, grob gerissen
Salz und Pfeffer aus der Mühle, Muskatnuss gemahlen
4 Eidotter
100 g flüssige Butter
50 g Kartoffelstärke

FÜR DIE HÜHNERLEBER

500 g Hühnerleber, zugeputzt
100 ml klare Butter
2 Tomaten, in dünne Scheiben geschnitten
2 Stück Fenchel, geputzt und in feine Streifen geschnitten
1 Orange, Schale in Julienne geschnitten, Fruchtfleisch in Filets
100 ml Orangensaft
Prise Zucker
Salz und Pfeffer aus der Mühle
50 g kalte Butter zum Montieren
etwas Chili nach Geschmack
Fenchelgrün zum Garnieren

geölte Eisenpfanne

ZUBEREITUNG

- Die Zutaten für den Kartoffelboden gut miteinander vermischen, in die geölte Eisenpfanne geben und bei 160 °C 25 Minuten indirekt grillen.
- Die Leber trocken tupfen, mit der klaren Butter vermischen, kurz abtropfen lassen und sehr rasch und heiß angrillen. Vom Grill runternehmen und mit Salz und Pfeffer würzen.
- Die Tomaten auf dem Kartoffelboden verteilen.
- Den Fenchel in einer Pfanne mit Zucker karamellisieren, mit Orangensaft aufgießen, einkochen lassen, mit Salz, Pfeffer und Chili abschmecken und die Orangenjulienne untermischen. Mit kalter Butter montieren.
- Die Masse auf den Tomaten verteilen, die warme gegrillte Leber daraufgeben und die Orangenfilets obenauf platzieren. Das Ganze nochmals für 2–3 Minuten im Griller ziehen lassen und mit Fenchelgrün garnieren.

GRILLMETHODE: indirekt/direkt
GRILLZEIT: für den Boden 25 Minuten bei 160 °C, für die Hühnerleber 3 Minuten bei 220 °C
TIPP: Man kann auch Garnelen oder Jakobsmuscheln auf den Kartoffelboden geben oder ihn nur mit gegrilltem Gemüse belegen und mit Käse gratinieren.

HENDLHERZENSPIESS MIT APFEL & RADICCHIOGEMÜSE

ZUTATEN

ca. 20 Hendlherzen
5 Knoblauchzehen
Salz und Pfeffer aus der Mühle
2 säuerliche Äpfel, geschält
1 Stück frischer Radicchio
2 EL Honig
2 EL Olivenöl
2 EL heller Balsamicoessig
Abrieb von 1 Limette

5 gewässerte Holzspieße

ZUBEREITUNG

- Die Hendlherzen salzen und je 4 Stück auf einen Holzspieß stecken. In die Mitte immer ein Stück Knoblauch geben.
- Den Griller vorheizen und den Rost säubern. Die Spieße direkt angrillen und anschließend auf den Warmhalterost legen.
- Die Äpfel achteln, das Kerngehäuse entfernen, dann mit etwas Olivenöl marinieren und auf dem Grillrost beidseitig angrillen.
- Für die MARINADE Balsamicoessig, Olivenöl, Honig, Salz und Pfeffer verrühren und abschmecken.
- Auf einem Teller die Radicchio-Blätter auflegen, mit der Marinade beträufeln und die Hühnerherzenspieße darauf platzieren.
- Zum Schluss mit Limettenabrieb bestreuen und die Äpfelstücke darauf verteilen.

GRILLMETHODE: direkt angrillen, indirekt rasten lassen
GRILLZEIT: 10 Minuten bei 180 °C
TIPP: Man kann auch den Radicchio kurz angrillen und heiß anrichten. In diesem Fall sollte man ihn vor dem Grillen in lauwarmes Wasser einlegen, dann schmeckt er nicht so bitter.

PUTEN-SPIESS

ZUTATEN

500 g Putenfleisch, in Würfel (ca. 2 cm) geschnitten
30 dünne Speckscheiben
100 ml Olivenöl
Salz und Pfeffer aus der Mühle
2 EL Sojasauce
2 Thymianzweige, fein gehackt
2 Zwiebeln, in Spalten geschnitten
2 EL Kräuterpesto

8 Metallspieße

ZUBEREITUNG

- Die Putenwürfel mit Gewürzen, Sojasauce und Olivenöl ca. 2–3 Stunden marinieren.
- Die marinierten Würfel einzeln in Speckscheiben einschlagen und abwechselnd mit den Zwiebelspalten auf die Spieße stecken.
- Den Griller aufheizen, die Spieße ca. 2 Minuten pro Seite angrillen, mit den Thymianzweigen belegen und anschließend auf dem Warmhalterost bei 200 °C ca. 10 Minuten fertig grillen.
- Die fertigen Spieße mit Pesto überpinseln und servieren.

GRILLMETHODE: direkt und indirekt
GRILLZEIT: ca. 14 Minuten bei 200 °C
TIPP: Man kann die Spieße auch schräg in den Grillrost stecken und so fertig grillen.

ENTENBRUST MIT POLENTA

ZUTATEN

FÜR DIE ENTENBRUST

4 Entenbrüste (weiblich)
Salz und Pfeffer aus der Mühle
Abrieb von 1 Limette
1 TL Cayennepfeffer
2 EL Sesamöl

FÜR DIE GEWÜRZSAUCE

1 TL Korianderkörner
1 TL Tasmanischer Pfeffer
1 TL Fenchelsamen
100 ml dunkle Sojasauce
100 ml süße Chilisauce
100 ml Reiswein

FÜR DIE POLENTA

500 ml Gemüsefond
30 ml Olivenöl
150 g feines Polentamehl
50 g Butter
Salz und Muskat, fein gemahlen

FÜR DIE GARNITUR

Paprikawürfel rot
Lauchstreifen
Sesamöl

ZUBEREITUNG

■ Zuerst das Polentamehl in einem nicht zu kleinen Topf kurz heiß rösten.
■ Mit Gemüsefond auffüllen, Butter dazugeben, mit Salz und Muskat würzen und unter ständigem Rühren auf eine dicke Masse einkochen. Suppenteller leicht mit Öl auspinseln, die Masse einfüllen und glatt streichen. Durchkühlen lassen, kalt stürzen und in Stücke schneiden.
■ Für die GEWÜRZSAUCE Koriander, Pfeffer und Fenchel kurz in einer Pfanne rösten, mörsern, mit Soja-, Chilisauce und Reiswein einmal gut aufkochen und langsam auf die Hälfte einkochen (Geschmacksbombe!).
■ Die ENTENBRUST auf der Hautseite mit einem scharfen Messer über Kreuz einschneiden, auf der Rückseite mit Salz, Pfeffer und Cayennepfeffer würzen, mit Sesamöl bepinseln und zugedeckt ziehen lassen.
■ Eine Gusseisenpfanne auf den Griller stellen und heiß werden lassen. Dann die Entenbrust mit der Haut nach unten angrillen, sodass das Fett austritt. Gleichzeitig die Polentaschnitten mit angrillen.
■ Ist die Haut schön kross, die Entenbrust umdrehen und zugedeckt ca. 10 Minuten fertig grillen.
■ Danach den Griller aufmachen und die Entenbrust mit der Sauce leicht bestreichen.
■ Lauch und Paprika auf den Polentascheiben kurz weitergrillen, die Entenbrust mit Limettenabrieb bestreuen und mit Sesamöl beträufeln.

GRILLMETHODE: direkt in einer Gusseisenpfanne
GRILLZEIT: ca. 14 Minuten bei 200 °C
TIPP: Man kann die Entenbrüste auch direkt auf dem heißen Rost angrillen. In diesem Fall sollte man den Rost richtig heiß vorheizen, dann den Griller abschalten, die Entenbrüste mit der Haut darauflegen, mit der Restwärme des Grillrostes ohne Fettbrand angrillen und dann fertigstellen. Die Polenta kann am Vortag zubereitet werden.

SÜSSE TRÄUME

DALKEN MIT BEERENRAGOUT

ZUTATEN

FÜR DEN TEIG

160 g glattes Mehl Type 480
2 EL Zucker
1 Msp. Salz
1 TL Backpulver
60 g flüssige Butter
2 Eidotter
250 ml Milch

2 Eiweiß
Staubzucker zum Bestreichen
2 EL Butterschmalz zum Backen

FÜR DAS BEERENRAGOUT

100 ml Wasser
100 ml Hollersaft (Sirup)
60 g Zucker
1 Stück Sternanis
20 g Stärkemehl
Abrieb und Saft von 1 Orange
200 g gemischte Beeren, frisch oder tiefgekühlt

ZUBEREITUNG

- Milch und Eidotter in die flüssige Butter einrühren, danach die restlichen Zutaten für den Teig beigeben und einen glatten Teig daraus herstellen.
- Eiweiße steif schlagen und unter die Masse mischen.
- In der Zwischenzeit im Grill die Ebelskiver-Form aufheizen.
- Für das BEERENRAGOUT die halbe Menge Wasser, Hollersaft, Zucker, Sternanis und den Orangenabrieb und -saft mit der Hälfte der Beeren aufkochen.
- Das restliche Wasser mit Stärkemehl mischen, einrühren, einmal kurz aufkochen, zur Seite stellen und die restlichen Beeren dazugeben.
- In die heiße Form nun Butterschmalz geben und pro Vertiefung 1 EL Dalkenmasse einfüllen. Herausbacken, dabei die Dalken nach ca. 2 Minuten mithilfe eines Holzspießes wenden.
- Die Dalken gemeinsam mit dem Ragout servieren.

GRILLMETHODE: direkt in der Form
GRILLZEIT: ca. 4–5 Minuten bei 160 °C
TIPP: Sollten Sie einmal keine Lust auf Beerenragout haben, können Sie die Dalken auch mit einer Kugel Eis servieren.

weber
weber

MARSHMALLOWS AM SPIESS

ZUTATEN
24 Marshmallows
24 Erdbeeren
etwas Honig
2 EL brauner Zucker
Saft von 1 Limette

6 Metallspieße

ZUBEREITUNG

- Erdbeeren waschen, trocken tupfen und mit Zucker und Limettensaft kurz marinieren.
- Abwechselnd die Marshmallows und die Erdbeeren aufspießen.
- Den Griller auf ca. 180 °C aufheizen, ein Spießuntergestell daraufstellen, die Spieße daraufsetzen und ca. 5–6 Minuten grillen. Mehrere Male drehen.
- Anschließend Marshmallows und Erdbeeren vom heißen Spieß nehmen, mit flüssigem Honig beträufeln und servieren.

GRILLMETHODE: indirekt auf dem Spießaufsatz
GRILLZEIT: ca. 5–6 Minuten bei ca. 180 °C
TIPP: Ich verwende gerne auch zwei kleine Ziegelsteine, auf die ich die Spieße ebenfalls auflegen kann.

BRATAPFEL MIT WEISSER SCHOKOLADENSAUCE

ZUTATEN

FÜR DIE BRATÄPFEL

4 Äpfel
Saft von 1 Zitrone
40 g Butter
20 g Vanillezucker
100 g Schokolade
40 g Cornflakes
20 g Haselnüsse
Zesten von 1 Zitrone
1 Mokkalöffel Zimt, gemahlen
2 cl Rum
Chiliflocken nach Geschmack

FÜR DIE WEISSE SCHOKOLADENSAUCE

200 ml Schlagobers
100 ml Milch
200 g weiße Schokolade
Rum nach Geschmack

ZUBEREITUNG

- Für die BRATÄPFEL Butter und Zucker schaumig schlagen.
- Schokolade grob reiben.
- Cornflakes mit der Hand grob zerbröseln.
- Alle Zutaten außer den Äpfeln unter die schaumige Butter heben.
- Die Äpfel aushöhlen und locker mit der Masse füllen.
- Die gefüllten Äpfel in einen Gemüsekorb setzen, diesen auf dem heißen Grill platzieren und bei 160–180 °C ca. 20–25 Minuten grillen.
- Für die WEISSE SCHOKOLADENSAUCE Schlagobers und Milch aufkochen und die Schokolade hineingeben.
- Bis zu einer cremigen Konsistenz einkochen und mit Rum abschmecken.

GRILLMETHODE: direkt
GRILLZEIT: 20–25 Minuten bei 160–180 °C, je nach Größe
TIPP: „Entkoppeln" Sie den Gemüsekorb vom Grillrost, wenn dieser zu heiß sein sollte (mittels eines Ziegelsteins oder Hitzeschildes).

FLAMBIERTE PFLAUMEN (ZWETSCHKEN)

ZUTATEN

500 g Pflaumen (oder Zwetschken)
100 g Kristallzucker
100 ml Orangensaft
Saft von 1 Zitrone
50 g kalte Butter, in kleine Stücke geschnitten
100 ml 80%iger Rum

ZUBEREITUNG

- Pflaumen waschen, halbieren, entkernen und in eine feuerfeste Porzellanform schlichten.
- Auf den heißen Grillrost stellen, den Deckel schließen und ca. 10 Minuten grillen.
- Den Griller aufmachen und die Pflaumen mit Kristallzucker bestreuen.
- Kurz karamellisieren lassen, mit Orangen- und Zitronensaft ablöschen und kurz einkochen.
- Anschließend den Rum darübergießen, anzünden und flambieren. Sobald die Flamme erlischt, mit Butter montieren.

GRILLMETHODE: direkt in Porzellanschüssel
GRILLZEIT: ca. 18 Minuten bei ca. 180 °C
TIPPS: Beim Flambieren darf man den Rum nie direkt aus der Flasche auf die Speise leeren. (Es kann zu einer Flammenbildung in der Flasche kommen, bis hin zur Verpuffung – ACHTUNG: gefährlich!) Den Rum immer in eine Schüssel geben.
- Bei Tageslicht ist ebenso zu beachten, dass die Flamme schwer zu sehen sein kann. Könnte beim Montieren mit Butter zu Verbrennungen führen.

ZUTATEN

4 Bananen
100 g Milchschokolade
4 TL brauner Zucker
4 Physalis

6 Holzspieße

ZUBEREITUNG

- Bananen mit einem spitzen Messer im oberen Drittel rundum einschneiden.
- Die Schale aufrollen und mit einem gewässerten Holzspieß fixieren.
- Mit dem Messer im Fruchtfleisch etwa vier kleine Schnitte anbringen, je ein Stück Schokolade hineinstecken und mit braunem Zucker bestreuen.
- Mit zwei Holzspießen immer 2 bis 4 Bananen zusammenstecken, damit sie nicht umfallen.
- In den vorgeheizten Grill stellen und bei ca. 180 °C 12–14 Minuten grillen.

GRILLMETHODE: indirekt
GRILLZEIT: 12–14 Minuten bei ca. 180 °C
TIPP: Servieren Sie die Bananenschiffchen mit Vanilleschaum und Physalis.

BANANENSCHIFFCHEN MIT SCHOKOLADE

WARMER SCHOKOLADENPUDDING

ZUTATEN

150 g Valrhona-Schokolade (mit hohem Kakaoanteil)
100 ml Schlagobers
30 g Butter
2 EL Vanillezucker
Prise Salz
2 EL Kartoffelstärke
1 Eigelb
2 EL Kristallzucker

FÜR DAS WHISKY-OBERS

100 ml Schlagobers
4 cl Whisky
2 EL Staubzucker

FÜR DIE FRUCHTGARNITUR

200 g kleine Ananaswürfel
40 g Cashewkerne, geröstet und klein gehackt
10 Minzeblätter, fein geschnitten

ZUBEREITUNG

- Auflaufformen oder Gläser (Ø 6 cm) mit flüssiger Butter ausstreichen und mit Kristallzucker ausstreuen. Schokolade grob reiben und in eine Schüssel geben.
- Eigelb, Stärke, Vanillezucker sowie Salz auf die geriebene Schokolade geben.
- Schlagobers mit Butter kurz aufkochen, über die Schokolade leeren und mit dem Stabmixer zu einer glatten Masse aufmixen, zieht schnell an.
- In die gebutterten Formen füllen und auf dem Griller bei ca. 160 °C indirekt ca. 20 Minuten grillen. Der warme Pudding kann noch einen weichen Kern haben.
- Ananaswürfel mit Cashewkernen und Minze vermischen.
- Obers mit Whisky und Zucker cremig schlagen.
- Den warmen Pudding mit Ananas und Whisky garnieren.

GRILLMETHODE: indirekt
GRILLZEIT: ca. 20 Minuten bei ca. 160 °C
TIPP: Dieser Schokoladenpudding lässt sich auch mit anderen Früchten zubereiten.

WAFFELN MIT FRÜCHTEN

ZUTATEN

2 Eier
50 g weiche Butter
30 g Feinkristallzucker
130 g glattes Weizen- oder feines Dinkelmehl
1/2 Mokkalöffel Backpulver
1 Pkg. Vanillezucker
100 g Sauerrahm
Prise Salz
Öl zum Bestreichen
Staubzucker zum Bestreuen

ZUBEREITUNG

- In einer Schüssel Butter mit Zucker, Vanillezucker und Salz schaumig rühren. Nach und nach die Eier einrühren. Mehl und Backpulver vermischen und mit dem Sauerrahm unter den Teig mengen.
- Waffelformen mit etwas Öl einstreichen.
- Etwas Teig in die Waffelformen eingießen und auf den Grill legen. Die Waffeln unter Beobachtung nacheinander hellbraun backen.
- Mit einem Kunststoffbratenwender herausnehmen, anrichten und mit Staubzucker bestreuen.

weber

MOZARTS TRAUM

ZUTATEN

6 Butterhörnchen
9 Mozartkugeln
4 Physalis
150 g Nougat
100 ml Obers
100 ml Milch
3 Eier

ZUBEREITUNG

- Eine hitzebeständige Form mit Backpapier auslegen und den Griller vorheizen.
- Die Mozartkugeln halbieren.
- Die Butterhörnchen der Länge nach aufschneiden (nicht durchschneiden), mit je drei halben Mozartkugeln füllen und in die Form legen
- Das Nougat über einem Wasserbad schmelzen, gut mit Milch und Obers vermengen und dann die Eier einrühren.
- Die Masse über die Hörnchen verteilen und im Griller bei indirekter Hitze von 180 °C ca. 20 Minuten backen.
- Die Form aus dem Griller nehmen, kurz überkühlen lassen, mit den Physalis garnieren und dem Staubzucker bestreuen.

GRILLMETHODE: indirekt
GRILLZEIT: ca. 20 Minuten bei 180 °C
TIPP: Am besten mit Kaffee und einer Kugel Eis noch warm servieren.

SÜSSER FLAMMKUCHEN

ZUTATEN

FÜR DEN TEIG

125 ml Mineralwasser
4 EL Olivenöl
300 g glattes Mehl Type 480
Prise Salz
(oder fertigen Flammkuchenteig kaufen)

100 ml Crème fraîche
2 EL Sauerrahm
2 EL Kristallzucker
1 TL Zimt, gemahlen
2 Kiwis
1/2 Ananas
100 g Physalis
frische Minze zum Garnieren
Staubzucker zum Bestäuben

ZUBEREITUNG

- Mineralwasser, Olivenöl, Salz und Mehl gut zu einem glatten Teig verkneten. Zugedeckt 1/2 Stunde rasten lassen.
- Crème fraîche mit dem Sauerrahm verrühren.
- Teig dünn ausrollen und mit der Creme bestreichen.
- Früchte in kleine Würfel schneiden und auf dem Teig verteilen.
- Zucker und Zimt vermischen und darüberstreuen.
- Den Griller vorheizen, den Flammkuchen mit dem Pizzaheber auf den gesäuberten Rost legen und zugedeckt bei 225 °C ca. 5 Minuten grillen.
- Mit frischer Minze und Staubzucker servieren.

GRILLMETHODE: direkt
GRILLZEIT: ca. 5 Minuten bei 225 °C
TIPP: Streichen Sie die Creme nicht zu dick auf den Teig, da der Flammkuchen ansonsten nicht knusprig wird.

NUTELLA-MUFFINS

ZUTATEN

160 g Mehl
1 Pkg. Backpulver
1 Pkg. Vanillezucker
60 g Zucker
3 EL Nutella
50 ml Öl
110 ml Orangensaft
Physalis für die Deko

Papiermuffinformen

ZUBEREITUNG

- Alle trockenen Zutaten miteinander vermischen und alle restlichen Zutaten miteinander vermischen.
Anschließend beide Massen miteinander verrühren.
- Die Formen mit dem Teig füllen, aber nur zu ca. 1/3 (Teig geht auf).
- Den Grill auf ca. 180 °C vorheizen und in der Mitte eine Aluschale verkehrt auf den Rost stellen.
- Die Muffins in einen Gemüsekorb geben und diesen auf der Aluschale platzieren.
- Nach ca. 20 Minuten Grillen Muffins mit einem Holzstäbchen einstechen und kontrollieren, ob kein Teig mehr am Stäbchen haften bleibt. Wenn nicht, dann sind die Muffins fertig.
- Aus dem Grill nehmen, kurz überkühlen lassen und mit Physalis dekorieren.

GRILLMETHODE: indirekt im Gemüsekorb
GRILLZEIT: ca. 20 Minuten bei ca. 180 °C
TIPP: Statt Nutella kann man auch eine andere Schokocreme verwenden.

KAISERSCHMARREN VOM DUTCH OVEN

ZUTATEN

500 ml Milch
300 g Mehl glatt Type 480
6 Eier
Prise Salz
2 EL Butter zum Karamellisieren
2 EL Kristallzucker
Butterschmalz zum Herausbacken
Rosinen nach Belieben, in Rum eingelegt
Staubzucker zum Anrichten

ZUBEREITUNG

- Eier, Milch und Salz miteinander vermischen, das Mehl einrühren und ca. 15 Minuten rasten lassen.
- Den Grill und den Dutch Oven auf ca. 160 °C aufheizen.
- Butterschmalz in den Dutch Oven geben, die Masse eingießen und nach Belieben die Rosinen darüberstreuen. Nach ca. 6–7 Minuten Anbacken den Teig wenden und weitere 6–7 Minuten fertig backen.
- Den Teig im Dutch Oven zerreißen und mit Butter und Kristallzucker karamellisieren. Kurz mischen, mit Staubzucker bestreuen und servieren.

GRILLMETHODE: direkt im Dutch Oven
GRILLZEIT: ca. 12–14 Minuten bei ca. 160 °C
TIPP: Am besten Zwetschken- oder Marillenröster dazu servieren.

SCHOKOLADENBROWNIES

ZUTATEN

150 g Butter
250 g brauner Zucker
65 g reiner Kakao
1 Prise Meersalz
75 g Walnusskerne
1 Pkg. Vanillezucker
2 Eier
75 g Weizenmehl

ZUBEREITUNG

- Eine rechteckige Form (15 x 20 cm) mit Backpapier auslegen, das Papier über den Rand stehen lassen.
Butter, Zucker, Kakao und Meersalz in eine Schüssel geben und über einem Wasserbad bei geringer Temperatur schmelzen lassen, bis eine dickflüssige Masse entsteht.
- Den Griller auf 160 °C aufheizen.
- Die Nüsse grob mit der Hand zerdrücken oder hacken.
- Vanillezucker, Mehl und Eier miteinander vermengen und unter die Masse rühren. Die Nüsse dazugeben, die Masse in die Form füllen und im Griller indirekt ca. 30–35 Minuten backen.
- Nach der Backzeit ca. 15 Minuten abkühlen lassen.

GRILLMETHODE: indirekt
GRILLZEIT: 30–35 Minuten bei 160 °C
TIPP: Am besten noch lauwarm mit einer Kugel Eis zum Kaffee reichen.

APFELSTRUDEL

ZUTATEN

8 (säuerliche) Äpfel, geschält
4 EL Kristallzucker
4 EL süße Brösel
1 TL Zimt, gemahlen
2 EL Rosinen, eingeweicht
Saft von 1 Zitrone
100 g flüssige Butter
1 Pkg. Strudelteig

ZUBEREITUNG

- Äpfel blättrig schneiden und mit Zitronensaft beträufeln.
- Zucker mit Zimt mischen.
- Strudelteig auf einem Tuch auslegen und mit flüssiger Butter bestreichen.
- Süße Brösel darauf verteilen.
- Beträufelte Äpfel darauf verteilen und mit Zimtzucker sowie Rosinen bestreuen.
- Strudel zusammenlegen und mit restlicher Butter bestreichen.
- Den Pizzastein auf den heißen Griller legen, kurz erhitzen, Strudel daraufsetzen und indirekt grillen.

GRILLMETHODE: indirekt
GRILLZEIT: ca. 25 Minuten bei 200 °C
TIPP: Den Pizzastein auf einen kleinen Ziegel legen, sodass die starke Hitze etwas gedämpft wird. Mit Vanillesauce oder mit Eis und Minze servieren.

REGISTER

DER AUTOR

ADI BITTERMANN ist bereits im 36. Lehrjahr in seinem Traumberuf als Koch tätig. Sein Beruf hat für ihn eine Grenzenlosigkeit, die er – selbst wenn er mehrere Leben hätte – nicht ausloten könnte. Er hat in Tophäusern gekocht, mit vielen der großen Chefs, und hat sich dabei eine eigenständige Handschrift angeeignet.
Seit 2006 lebt und kocht er im gleichnamigen Wirtshaus „bittermann", einer ehemaligen Volksschule in Göttlesbrunn nahe bei Wien, die Leute ein. Unterstützt wird er dabei von seiner Frau Bettina und seinen zwei kleinen Söhnen Christian und Thomas, die zwar noch nicht mitarbeiten, aber als strenge Jury immer das Essen bewerten.
In der WEBER GRILLAKADEMIE ORIGINAL bietet Adi Bittermann das ganze Jahr über verschiedenste Grillkurse an, daneben ist er gemeinsam mit ein paar Grillverrückten in zwei Grillteams aktiv: und zwar bei THE PITMASTERS und beim ABC-Grill-Team. Gemeinsam mit dem ABC-Grill-Team errang er 2015 bei der Grill-Weltmeisterschaft in Schweden zweimal Gold und einmal Silber.
Gemeinsam mit seinem verstorbenen Freund Christoph Wagner, mit Ingrid Pernkopf, Susanne Rick und Renate Wagner-Wittula hat er im Pichler Verlag schon zahlreiche Kochbücher publiziert; zuletzt erschien „Die österreichische Küche". Gemeinsam mit Adi Matzek verfasste er zwei Grillbücher: „Grillen mit Adi & Adi" und „Steaks mit Adi & Adi".

DER FOTOGRAF

HERBERT LEHMANN ist freier Fotojournalist mit den Schwerpunkten Wein, Essen und Trinken, Reisen, Leute und Ambiente. Zahlreiche Veröffentlichungen, zuletzt im Pichler Verlag „Grillen mit Adi & Adi", „Steaks mit Adi & Adi" und das „Weinbuch Österreich".

bittermann.
VINARIUM GÖTTLESBRUNN

Der Ort des Geschehens, eine ehemalige Volksschule, hat Charme: gemütliche Winzerstube, moderner Salon, gestylter Wintergarten, für jeden Geschmack und jede Stimmung ist ein Platz vorhanden. Im Erdgeschoß werden von ADI BITTERMANN und Chefkoch MARTIN WRESNIG die Feinschmecker verwöhnt. Der erste Stock ist mit der Vinothek „Vinarium Göttlesbrunn" mittlerweile beliebtes Zentrum für Weinbegeisterte aus nah und fern. Sogar über die Grenzen Österreichs reisen vinophile Zeitgenossen extra an. MARTIN WRESNIG kümmert sich um die kulinarischen Belange. Bodenständig und kreativ sind seine Gerichte, saisonal und regional keine Schlagworte, sondern Teil des Gesamtkonzeptes. BETTINA BITTERMANN, verantwortlich für Service und Wein, kümmert sich mit viel Leidenschaft um ihre Gäste. Sie stellt aktuelle Weine vor und unterstützt bei der richtigen Auswahl für die Weinbegleitung. Wer ‚bittermann. Vinarium Göttlesbrunn' sagt, sagt damit „Wein aus Carnuntum". Adi und Bettina Bittermann gelten als DIE Fürsprecher für die Weine aus dem Weinbaugebiet, das sich östlich von Wien bis zur Grenze zur Slowakei erstreckt. 32 Weingüter aus Göttlesbrunn und Arbesthal sind in ihrer Vinothek vertreten.

1. CARNUNTUM GRILLSCHULE
Adi Bittermann

„Ich möchte allen von 9 bis 99 Jahren, von interessierten Schülern über erfahrene Grillfreaks bis zu ambitionierten Pensionisten zeigen, dass Grillen mehr heißt, als Würstel und Koteletts auf die Grillstäbe zu werfen. Das ‚perfekte Steak', gefüllte Gansln, aromatisches Gemüse, ja sogar Kaiserschmarren und Soufflés werden bei uns auf dem Griller zubereitet", umreißt Adi Bittermann sein breitgefächertes Angebot. LETZTER SCHREI: Betriebsausflug in die 1. Carnuntum Grillschule. Das gemeinsame Hantieren rund um züngelnde Flammen und offenes Feuer wirkt im Handumdrehen gemeinschaftsbildend und ersetzt jedes Gruppenseminar. „Gerade sonst straff organisierte Unternehmen kommen mit ihren Kunden oder Mitarbeitern recht gerne zu uns, da sie hier locker sein können – und am Smoker und Kugelgriller so ganz nebenbei auch noch was lernen, womit sie zu Hause wieder beeindrucken können", freut sich Bittermann.

bittermann. Vinarium Göttlesbrunn
Abt-Bruno-Heinrich-Platz 1 · A-2464 Göttlesbrunn
Tel.: +43/(0)2162-81155 · info@bittermann-vinarium.at
www.bittermann-vinarium.at

IMPRESSUM

ISBN 978-3-85431-725-8

Fotos:
Herbert Lehmann: Foodfotografie und Covershooting

Anna Caterina Wegscheider: Hintergrundfotos

Philipp Jongen: S. 13, 41, 86, 95, 142, 146, 149, 162, 163, 168, 190

iStockphoto.com: S. 24, 30, 42, 50, 80, 85, 91, 99, 107,137, 145, 155, 172, 176, 180, 188

Lektorat: **Josef Weilguni**

Umschlag- und Buchgestaltung: **Bruno Wegscheider**

Reproduktion: **Pixelstorm, Wien**
Druck und Bindung:

Druckerei Theiss GmbH, St. Stefan im Lavanttal

7 6 5 4 3 2 1
Printed in Austria

DANKSAGUNG

An dieser Stelle möchte ich allen DANKE sagen, die mich mit Rat und Tat, aber auch mit Kritik auf meinem bisherigen Weg begleitet und immer ein Stück weitergebracht haben.

Besonders möchte ich mich bei meiner Frau Bettina und meiner lieben Familie bedanken, die für die viele Zeit, die ich für meinen Beruf verwende, Verständnis haben.

Ein besonderer Dank an Maria Windholz, Josef Weilguni, Patrik und Sophie Bayer.

Danke an mein Grill-Team, die Pitmasters, eine Gemeinschaft von Grill-Fanatikern, die jedes nur so kleine Grill-Vergnügen zu einem besonderen Erlebnis machen.

Danke lieber Pichler Verlag für die Inspirationen zu diesem Buch und die Möglichkeit, es in Ihre verlegerischen Hände zu legen.

Danke an dich, Herbert Lehmann, für die wunderbaren Fotos, für die du viel Geduld aufbringen musstest.

Grillen ist eine Leidenschaft, die ansteckend ist, und deshalb auch ein Danke an die Firma Weber, deren ausgezeichnete Grillgeräte mir die Arbeit beim Grillen sehr erleichtern.

Adi Bittermann